だいじをギュッと！
ケアマネ
実践力シリーズ

アセスメント
情報収集からケアプラン作成まで

白木裕子 編著

中央法規

INTRODUCTION

はじめに

　このたび、「だいじをギュッと！ ケアマネ実践力シリーズ アセスメント—情報収集からケアプラン作成まで」を出版させていただくことになりました。テーマが「アセスメント」ということで今さら感が強いことと、しかも新人向けということで内容をどうするか困ったのですが、新人向けとはいえ、ありきたりな内容ではなく、少し深いところも含めて、解説するように努めました。

　本書では、私と共同執筆者である酒井清子さん、武宮直子さん、中村匡宏さんの4人がそれぞれ実践者の立場からケアマネジメントプロセスの根幹となる「アセスメント」について、その意義やあり方、実施にあたっての心構えや留意点等をわかりやすく解説しています。

今、私たちに求められていること

　私たちケアマネジャーは、介護保険制度の創設とともに誕生して以来、いまだ20年足らずの存在ですが、その間、支援が必要な利用者の居宅を駆け回り、利用者や家族の多岐にわたる生活相談を一手に引き受けてまいりました。

　その結果、利用者や家族の厚い信頼を得ながら、介護保険制度の普及と介護の社会化を進展させるとともに、家庭内における虐待や認知症などの問題を顕在化させるなどの役割を果たしてきたと考えています。

　今後、医療が必要な中重度者や認知症の高齢者の増加が見込まれる中、医療や介護が必要な状態になってもできるだけ住み慣れた地域で生活が継続できるようにするため、サービスを利用する者の視点に立ってケアマネジメントを実行していくことが求められています。

私たちケアマネジャーが担う「アセスメント」は、単にアセスメントシートにある項目を埋めることではなく、利用者が地域社会の中で生活を維持していくことを困難と感じる原因を分析し、解決すべき課題を明らかにしていくことにあります。つまり、利用者の意欲向上を図りながら生き生きとした生活を構築していくケアマネジメントを実現するため、「本当に困っていること」や「本当はしたいけれどあきらめていること」などを明らかにすることが求められているのです。

何を見るべきかを定める
　ケアマネジャーの強みは、居宅を訪問して、利用者の身体的、心理的、社会的な状況を「全人的」に捉えた上で、普段どのように生活しているのか、つぶさに把握できることにあります。しかしながら、利用者の何を見るべきかというケアマネジャーとしての視点が定まっていない限り、見えていても把握できないことが多いのです。
　そこで本書では、新人の見るべきこと、3年目の視点、主任ケアマネジャーレベルのアセスメントを段階的に解説し、何を見るべきかについて明確にしています。そのため、本書は、経験の浅いケアマネジャーが初めて利用者の居宅を訪問して「アセスメント」を行う際にも、中堅のケアマネジャーが日常業務の中で「アセスメント」を行う際にも役立てていただけると思います。さらに、熟練の主任ケアマネジャーが事業所や地域において新任のケアマネジャー等を指導する際にも大いに活用が期待できると考えています。

INTRODUCTION

　本書が、これからのケアマネジャーの質の向上の一助になることを祈念するとともに、日ごろよりご指導をいただいています日本ケアマネジメント学会の先生方や一緒に活動している「認定ケアマネジャーの会」の皆さま、そして地元のケアマネ連絡会「ケアマネット21」の皆さま、これまでかかわった多くのケアマネジャーの皆さまに厚くお礼申し上げます。

2019.4 白木裕子

CONTENTS

はじめに ……………………………………………………………………………… i

第1章
アセスメントの基礎知識

01	アセスメントとは ……………………………………………………………	002
02	アセスメントに始まりアセスメントに終わる ………………………………	004
03	収集した情報をもとに課題を分析する❶確認すべき情報 …………………	008
04	収集した情報をもとに課題を分析する❷情報の分析 ………………………	012
05	収集した情報をもとに課題を分析する❸進める上での留意点 ……………	018
06	アセスメントからケアプランを作成する …………………………………	022
07	アセスメントツール …………………………………………………………	028
08	アセスメントの土台となるもの（想像力と創造力）………………………	030

第2章
アセスメント力を磨く行程

01	1年目のアセスメント力―必要な情報を収集できる ………………………	034
02	3年目のアセスメント力―その人らしさが追求できる ……………………	040
03	ベテランのアセスメント力―自立支援に向けたプランにつなげる ………	046
04	アセスメント力を磨く手法 …………………………………………………	052

第 3 章
23項目のアセスメント

- 01 課題分析標準項目 ……………………………………………………… 058
- 02 基本情報―受付、利用者等基本情報 ………………………………… 062
- 03 生活状況 ………………………………………………………………… 064
- 04 利用者の被保険者情報 ………………………………………………… 066
- 05 現在利用しているサービスの状況 …………………………………… 068
- 06 障害高齢者の日常生活自立度／認知症高齢者の日常生活自立度 … 070
- 07 主訴 ……………………………………………………………………… 074
- 08 認定情報 ………………………………………………………………… 076
- 09 課題分析（アセスメント）理由 ……………………………………… 078
- 10 健康状態 ………………………………………………………………… 080
- 11 ADL ……………………………………………………………………… 082
- 12 IADL ……………………………………………………………………… 086
- 13 認知 ……………………………………………………………………… 090
- 14 コミュニケーション能力 ……………………………………………… 092
- 15 社会との関わり ………………………………………………………… 094
- 16 排尿・排便 ……………………………………………………………… 096
- 17 褥瘡・皮膚の問題 ……………………………………………………… 098
- 18 口腔衛生 ………………………………………………………………… 102
- 19 食事摂取 ………………………………………………………………… 104
- 20 行動障害（問題行動） ………………………………………………… 106
- 21 介護力 …………………………………………………………………… 110
- 22 居住環境 ………………………………………………………………… 112
- 23 特別な状況 ……………………………………………………………… 114

第4章
よりよいケアプランにつながるアセスメント

01	ICFの視点	120
02	新規の利用者へのアセスメント	124
03	引き継ぎ時のポイント	128
04	再アセスメント（モニタリング）のポイント	130
05	認知症の人へのアセスメント	134
06	ターミナル期におけるアセスメント	138
07	リスクを見極める❶脱水、熱中症のリスク	144
08	リスクを見極める❷服薬のリスク	146
09	リスクを見極める❸転倒のリスク	148
10	リスクを見極める❹認知症高齢者の徘徊のリスク	150
11	家族アセスメント	152
12	地域アセスメント	156

第5章
アセスメントの展開

01	1年目と主任ケアマネジャーのアセスメントから考える	160
02	アセスメントの実際❶1年目のアセスメント	162
03	アセスメントの実際❷主任ケアマネジャーのアセスメント	174

編著者・著者紹介

タスにゃん
人を助(タス)けることに喜びを感じ
ネコ一倍仕事(タスク)に燃えるケアマネ5年目のネコちゃん。
肩にかけているタスキは使命感の象徴。
ツナ缶(マグロ)とレタスが大好物。

アセスメントの
基礎知識

1

CONTENTS

- 01 アセスメントとは
- 02 アセスメントに始まりアセスメントに終わる
- 03 収集した情報をもとに課題を分析する❶確認すべき情報
- 04 収集した情報をもとに課題を分析する❷情報の分析
- 05 収集した情報をもとに課題を分析する❸進める上での留意点
- 06 アセスメントからケアプランを作成する
- 07 アセスメントツール
- 08 アセスメントの土台となるもの（想像力と創造力）

01 アセスメントとは

> **POINT**
> アセスメントを理解するためには
> ケアマネジメントの全体像の理解が必要です。

ケアマネジメントにおけるアセスメント

　アセスメントは、日本語に訳すと、取り調べて決めることを意味する「査定」や「評価」という言葉になりますが、ソーシャルワークやケアマネジメントの領域ではあえて日本語に訳さずに「アセスメント」という広い概念を含んだ専門用語として使用されています。

　ケアマネジャーの行うアセスメントは、対象者から得た「主観的情報」と「客観的情報」を相互に裏づけながら、対象者を取り巻く環境や問題点等を理論的に分析することで、対象者が抱える問題点等の優先度を判断し、ケアの方向性を明確化することをいいます。言い換えれば、利用者や家族の困っている状況を踏まえ、希望する生活を実現していくために解決しなければならない課題を明確化し、その対処方法を明らかにすることが「アセスメント」であるといえます。

　しかしながら、アセスメントは、ケアマネジメントプロセスの一部にすぎません。このため、アセスメントを理解するには、まず、ケアマネジャーが担うべきケアマネジメントの全体像を理解することが大切です。

　ケアマネジメントは、利用者が地域社会の中で生活を維持していくことが困難になった場合、その原因となる課題を分析し、生活の目標を定め、課題解決に至る道筋と方向を明らかにし、さまざまな社会資源を活用しながら総合的かつ効率的に課題解決を図っていくプロセスとそれを支えるシステムであるといえます。

利用者とともに行う

　ケアマネジャーやその他の支援者が利用者に代わって課題のすべてを解決できるものではありません。援助プロセスで大切なことは、課題を解決していくのはあくまで利用者本人であることを認識した上で、本人が問題を解決する力にしっかりと焦点を当てていく必要があります。つまり、ケアマネジャーは利用者自身が自己のニーズ(生活課題)を明らかにできるよう利用者と協働して作業を進めていくことが求められているのです。

　このため、ケアマネジャーはアセスメントシートにある項目を順に聞いて、シートの空白を埋めることに終始するのではなく、本人や家族の不安の背景にある部分について丁寧に面接を行い、「本当に困っていること」や「本当はしたいけれどあきらめていること」などを把握することが大切です。

　また、「できないこと」を単にサービスで補うことで生活の安全や安楽を求めるのではなく、「できること」を中心に支援のあり方を検討することにより、積極的な社会参加を促し、意欲の向上を図りながら生き生きとした生活を構築していくこと等が求められているのです。

　そのためには、利用者の「身体のみ」「心のみ」「社会関係のみ」を見ていたのでは不十分であり、「身体・心理・社会的存在」として「全人的」に捉えていくことが重要です。そして、同時に社会生活を送る土台としての身体的健康の大切さ、精神・心理的健康の大切さに目を向けることが不可欠なのです。その上で、あらゆる課題に対して、どのようにすれば利用者が生きがいや希望をもって生活していくことができるか、本人や家族と一緒に考え、生きる意欲を引き出すプランを立てることが大切です。

> **まとめ**
> ・アセスメントは対象者から得た情報をもとに解決すべき課題を明確化し、その対処方法を明らかにする一連の作業のことです。

02 アセスメントに始まり アセスメントに終わる

POINT
ケアマネジメントにおけるすべての過程で
アセスメントの視点が求められます。

ケアマネジメントプロセスとは

　ケアマネジャーが行うケアマネジメントは、初めて利用者や家族からの相談を受けてから実際にサービスを提供するまでに一定のプロセスを経ます（図表1-1）。そして、サービスの提供が始まってからもこのプロセスを循環させながら利用者とかかわり続ける必要があります。

　新規の利用者の場合、このプロセスはインテークから始まります。ここでは、利用者・家族等の相談を受け、ケアマネジャーが介護保険制度の枠組みの中で直接的に支援を担当することの妥当性を確認することから取り組みます。

　続く第2段階として、利用者や家族等の意向や取り巻く環境などの情報をつぶさに収集し、解決すべき課題を明確化するアセスメントを行います。

　第3段階は、アセスメントにより明らかとなった課題を分析して、最も効果的で効率的な対応策となるケアプランの原案を作成します。その上で利用者や家族にその原案について説明を行い、計画の実施に対する了承を得ます。

　第4段階は、いくつかの事業所を体験利用してもらうなど、ケアプランに位置づけたサービスが円滑に導入できるよう積極的に介入するインターベンションを行い、実際のサービス利用につなげます。なお、中重度の認知症や医療が必要な場合など利用者の状態によっては、すべての事業者が確定したこの段階でサービス担当者会議を開催するなどして、関係者の情報共有を図る必要があります。

　第5段階では、利用者・家族によって承認されたケアプランとサービス事業者

02 アセスメントに始まりアセスメントに終わる

図表1-1 新規利用者に対するケアマネジメントプロセス

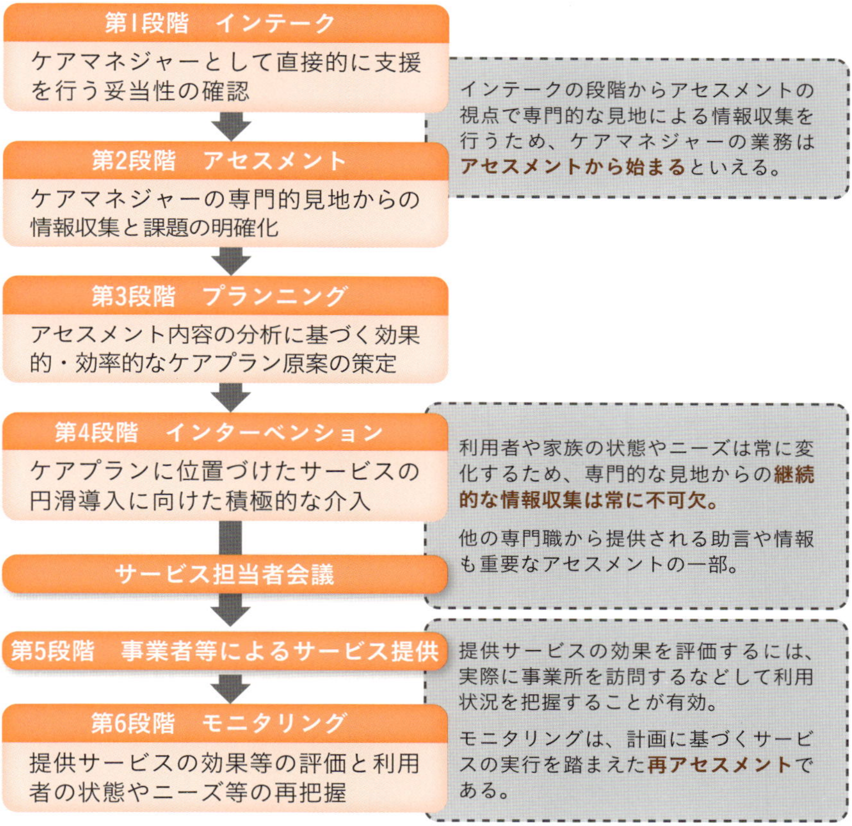

第1段階　インテーク
ケアマネジャーとして直接的に支援を行う妥当性の確認

> インテークの段階からアセスメントの視点で専門的な見地による情報収集を行うため、ケアマネジャーの業務は**アセスメントから始まる**といえる。

第2段階　アセスメント
ケアマネジャーの専門的見地からの情報収集と課題の明確化

第3段階　プランニング
アセスメント内容の分析に基づく効果的・効率的なケアプラン原案の策定

第4段階　インターベンション
ケアプランに位置づけたサービスの円滑導入に向けた積極的な介入

> 利用者や家族の状態やニーズは常に変化するため、専門的な見地からの**継続的な情報収集は常に不可欠**。
>
> 他の専門職から提供される助言や情報も重要なアセスメントの一部。

サービス担当者会議

第5段階　事業者等によるサービス提供

第6段階　モニタリング
提供サービスの効果等の評価と利用者の状態やニーズ等の再把握

> 提供サービスの効果を評価するには、実際に事業所を訪問するなどして利用状況を把握することが有効。
>
> モニタリングは、計画に基づくサービスの実行を踏まえた**再アセスメント**である。

が作成した個別のサービス計画に基づいて実際のサービスが提供されます。

　第6段階では、実際にサービスが提供されている現場を訪問するなどして、計画通りにサービスが提供されているか、提供されたサービスはケアマネジャーが想定した通りの効果を発揮しているかなどについて確認を行います。また、少なくとも1か月に1回以上、利用者の自宅を訪問して、利用者やその家族のニーズに変更がないか、利用者や家族の健康状態・生活状態・環境等に変化がないかなどを確認するモニタリングを行います。

　その後、モニタリングによって新たな課題が明らかとなった場合、ケアプラン

を修正して対応を図るなど、第3段階のプランニングから第6段階のモニタリングまでのプロセスを循環させながら必要な支援を継続して行うこととなります。

実際の展開にあたって

　ケアマネジメントプロセスは、ケアマネジャーの業務内容を理解するためにわかりやすく示したものであり、実際の実務においては各段階のプロセスを明確に区分して行う必要はありません。

　例えば、新規利用者に対するインテークとして、利用者や家族からの相談に対応する場合、この段階からさまざまな情報をもとに課題を明確化する必要があることから、ケアマネジャーのアセスメントは初回面接の段階から始まっているといえます。そこで得られた課題については、居宅介護支援の契約後にさらに多くの情報の聞き取りを行うことで深度を深め、より明確化させていくことができることに加え、別の支援方法が適当と判断した場合には、相談者にとって最善の支援につないでいくことを検討します。なお、利用者宅へ訪問する途中、利用者の徒歩圏内にコンビニやスーパー、踏切や交通量の多い交差点があるなど、地域で生活する上でのアセスメントも大切です。

　一方、利用者の状態やニーズは、時間の経過や実際にサービスが提供されることなどによって変化し新たな課題が生じるため、継続的な利用者に対しては、利用者や家族の健康状態・生活状態・環境等に変化がないかなどを確認し、新たな課題があればそれを明確化することが必要となります。

　このように継続的な利用者に対しては、再アセスメントを行うモニタリングを始点として、モニタリング内容の分析に基づく効果的・効率的なケアプランの改善、その改善策に基づくサービスの実行というプロセスを循環しながら支援が行われます。つまり、Plan（計画）→ Do（実行）→ Check（評価）→ Act（改善）の段階を繰り返すことによって、業務を継続的に改善するPDCAサイクルに倣ってケアマネジメントを実行していくこととなります（図表1-2）。

　この仕組みを確実に動かすために、ケアマネジャーは少なくとも1か月に1回以上利用者の居宅を訪問して利用者および家族と面接してモニタリングを行うことが義務づけられていますが、1か月に1回の面接のみで利用者を「身体・心理・

図表1-2 継続的な利用者に対するケアマネジメントプロセス

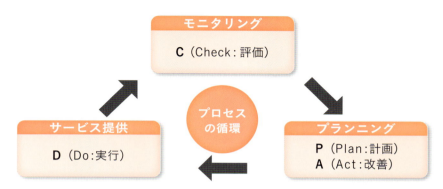

社会的存在」として「全人的」に捉えていくことは難しいため、利用者や家族等と接するあらゆる場面を活用しながら常にアセスメントの視点をもって真摯に向き合っていくことが大変重要なのです。

さらに、実際にサービスが提供されると、訪問介護員や看護師など利用者の支援にかかわる専門職からケアマネジャーと異なる角度からの助言や情報提供がなされることとなり、こうした助言や情報も重要なアセスメントの一部として活用を図っていくことも大切です。

このように、アセスメントはケアマネジメントプロセスの一部であるだけでなく、すべてのプロセスにおいてその視点が求められていることから、ケアマネジメントはアセスメントに始まりアセスメントに終わるといえるのです。

- 常にアセスメントの視点をもちながら利用者・家族と接することが大切です。
- 初めて利用者の自宅へ行く道中も地域をアセスメントする視点をもちましょう。
- 多職種からの助言や情報もアセスメントの一部として捉えましょう。

03 | 収集した情報をもとに課題を分析する❶
確認すべき情報

> **POINT**
> アセスメントの第1段階ではまず、
> 「確認すべき情報」を丁寧に押さえます。

アセスメントにおいて確認すべき情報

　アセスメントの実施にあたっては、利用者や家族に対して丁寧に面接を行い、利用者や家族が不安に感じていることなどの「主観的情報」と、利用者の健康状態や利用者や家族を取り巻く環境などの「客観的情報」を適切に収集し、これらをケアマネジャーの専門的見地から相互に裏づけしながら確認します。

　また、既に顕在化している表面的な情報収集のみを行うのではなく、専門的な面接技術に裏づけられた情報の収集と分析により、潜在的な課題についてもアプローチしていくことが求められます（図表1-3）。

「利用者の悩み・要望」に関する確認

　アセスメントの第一歩は、利用者や家族から悩みや要望を聴くことから始まります。利用者や家族が、介護保険などの支援を受けることにより、今後どのような生活を送りたいのかなどについて理解するためには、利用者や家族が、どのようなことを困難と感じているのかなどの「主観的情報」を丁寧に聞き取ることが重要です。

　利用者や家族の「主観的情報」は、時間の経過や環境の変化等によって容易に変わります。したがって、昨日はあのように言っていたのに、今日は全く反対のことを言うのでどちらが本当なのかわからないといったことも珍しくはありませ

図表1-3 アセスメントにおいて確認すべき情報と思考の過程

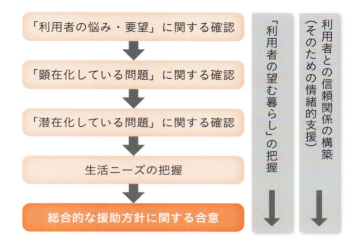

　ん。このため、ケアマネジャーは、利用者や家族の過去の言動に固執することなく、今の状況をあるがままに受け入れると同時に、なぜ、そのような言動をしたのか、専門的見地から「客観的情報」と相互に裏づけをしながら確認を行います。

　また、利用者や家族がもつ力を踏まえて支援につなげていくためには、なぜそのように考えるのか、物の見方、考え方、価値観などを理解することが大切です。そのためには、利用者や家族のこれまでの生活の歴史や境遇などを知ることが大きな鍵となります。ただし、このような情報を一度の面接で把握することは難しいため、継続的な支援を行う中で利用者や家族の信頼を得ながらある程度時間をかけてアセスメントを行う必要があります。

「顕在化している問題」に関する確認

　例えば、ケアマネジャーが利用者の自宅を訪問してアセスメントを行った際、歩行が不安定で転倒の危険性があるにもかかわらず、床に雑誌などの物が散乱していて、しかも、廊下と居室の間に段差があるなど、客観的な観察から明らかに解決しなければならない課題が顕在化していることがあります。このような場合においても、利用者は、日常生活の中で特段の不便や危険性を感じていないこと

も多いため、必ず一度言語化して利用者や家族に確認することが大切です。

　例えば、転倒の危険性を指摘しても、ケアマネジャーが提案する対応策を受け入れようとしない利用者も珍しくはありません。このような場合は、次善策を提案するなどして、利用者に受け入れてもらえるレベルを探るとともにその経緯を記録に残しておきましょう。

「潜在化している問題」に関する確認

　利用者が抱えている問題は、必ずしも利用者のニーズと一致しないことも多く、問題自体がいつも顕在化しているとは限りません。

　例えば、「住宅業者に勧められたので住宅の改造をしたい」との相談に応じて利用者の自宅を訪問したところ、同じような健康食品が山積みになっており、さらに話を聞くと第三者の金銭搾取などの権利侵害を受けている可能性が疑われるような事例に遭遇することもあります。

　このように、利用者や家族が気づいていない問題が疑われる場合においても、ケアマネジャーは決して放置することなく専門的な見地から観察と情報の分析を行うことが大切です。中には自分が望むサービス以外は受け入れようとしない人もいますが、利用者にとって真に必要なサービスが提供できるようケアマネジャーは辛抱強く働きかけていくことが求められているのです。

　十分なアセスメントを行わずに、利用者の言いなりに介護サービスを提供した

場合、短期的には転倒など家庭内での事故につながる危険を見落としてしまうことや、長期的には自分でできることを取り上げてしまうことにより介護度を進めてしまうなどの重大な結果を招くこともあり得るのです。

生活ニーズの把握

　真に有効なケアプランを作成するために、利用者が普段どのように生活をしているか、24時間単位あるいは1週間単位で生活のリズムを把握しましょう。

　例えば、普段何時に起床して、朝食は誰が準備してどのようなものを食べているのか、午前中は何をして過ごすことが多いのか、昼食はどうしているのか、午後はどのようなことをして過ごすことが多いのか、夕食はどうしているのか、毎日入浴しているのか、夕食後はどのように過ごして何時に就寝しているのかなどの生活のリズムについて、排泄の回数や時間なども含めて情報を得ることが大切です。

　また、1週間単位で、通院や買い物などの外出の頻度や家族や近隣の方々等のインフォーマルな支援との接触の頻度などについても情報を得ることが必要です。

> **まとめ**
> ・利用者が「困ってる」と発言している内容が本当のニーズとは限りません。
> ・アセスメントにおいては目に見える（顕在化している）問題を確認することももちろん大切ですが、潜在化している問題を見える化し明らかにしていくことがとても重要なのです。

04 収集した情報をもとに課題を分析する❷
情報の分析

> **POINT**
> 第2段階で情報分析、序列化、体系化を行い、課題を明確にした上で、必要なサービスの検討まで行います。

アセスメントにおける情報の分析

アセスメントにおいて重要なことは、収集した利用者や家族に関する情報を、分析、序列化(優先順位をつける)、体系化(ニーズ化)することにより、解決すべき課題を明らかにすることです。その際、第一に検討すべきことは、どのようなサービスを位置づけるかではなく、「利用者本人はどうしたいのか」という視点に立つことが支援の出発点となります。その場合、利用者や家族が発した言葉がとても重要なのですが、これらを表面的に受け取るのではなく、利用者本人が気づいていない課題を含めて明らかにすることが大切です。

また、利用者に関するさまざまな情報の収集については、ケアマネジャーが利用者と1対1で行うだけでなく、支援に携わる多くの専門職をはじめ利用者のインフォーマルな支援も含めて多様な視点で行う必要があります。

その上で利用者の要望などに関する「主観的情報」と健康状態や取り巻く環境などに関する「客観的情報」について相互に裏づけを行いながらケアマネジャーの専門的な見地から整理し、分析して検討を重ねることが重要です。

ニーズ・アセスメント

アセスメントは、「利用者本人がどのような生活を送りたいのか、どうしたいのか」を明らかにすることが出発点となります。このため、まず、利用者の困って

いることや要望を聞き取ることから始めます。

　こうした聞き取りにより、一つの問題点がわかった場合、どうしてその問題が生じたのかを考え、その問題をさらに深く理解して共有することができるよう、その問題に関連する情報を収集していきます。

　利用者のニーズは、その人がこれまで歩んできた人生の歴史や家族との関係性や社会的な立場、経済的な環境などに大きな影響を受けるとともに、今関心をもっていることやその時の心理的状況などによって容易に変化します。このため、利用者自身がどのようにしたいのか迷ってしまうのも当然であり、ケアマネジャーとしてこうした迷いに付き合うことも重要な役割であるといえます。

　利用者が発する言葉には、利用者自身が問題を解決していくために不可欠な「意思」や「強さ」が現れるため、発した言葉をそのままの形で「記録」しておくことが大切です。

　なお、利用者の発言には、言葉の意味とは異なる裏腹な真意が隠れていることもあるため、ケアマネジャーは面接技術を駆使し、「客観的情報」と相互に裏づけをしながら分析を重ねていくことが求められています（図表1-4）。

図表1-4 利用者のニーズの概念図

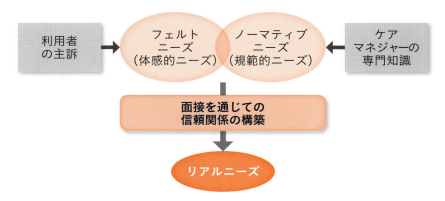

資料：白澤政和監・ニッセイ基礎研究所編「利用者ニーズに基づくケアプランの手引き－星座理論を使って－」中央法規出版, 2000年, p.11.

「セルフケア能力」のアセスメント

「セルフケア能力」のアセスメントは、単に自分でできない部分を代替のサービスで補うことに着目することではなく、自分の力でどのようなニーズに対して充足できる能力を有しているかを評価することが大切です。

したがって、得意な分野、得意なこと、もっている資源、夢・希望など利用者の身体機能面と精神・心理面と社会環境面での「強さ」に注目することが重要であり、本人ができることはできる限り本人が行うことを基本に、利用者の「セルフケア能力」を高めることに重点を置いて支援を行っていきましょう。

利用者が行うことのできる「セルフケア能力」の幅は、健康状態や身体機能の状況に応じて大きく異なるので、基本的なアセスメントが非常に重要なポイントとなります。また、「できる」、「できない」という能力の問題だけではなく、昨日までは、自分で行うことができたけれども、今日はどうしてもしたくない、できないなど、個人の心理状態によって大きな影響を受けることから、「したい」という利用者の意欲が重要な鍵となります。

『ストレングスモデルによる介護予防ケアマネジメント』（介護予防研究会監修／白澤政和編集）においては、介護予防ケアプラン作成の最初の段階であるアセスメントを確実に行うため、「運動・移動」「日常生活」「社会参加・コミュニケーション」「健康管理」の4領域ごとに必要な項目をあらかじめ表内に記載し、現在の状態として「している」「していない」、本人の能力として「できる」「できない」、本人の意欲として「したい」「したくない」をチェックする方法を採用しています（図表1-5）。

これにより、生活目標を実現していくために解決しなければならない課題を明確化するとともに対応策を図るために必要な情報を網羅して収集することが可能となります。また、本人が実際にどの程度まで生活動作を行っているか、その生活動作を行うことができるか（能力があるか）、意欲があるか、家族の意向などの促進・阻害要因があるかを見極めた上で、対応としてどのようなケアで補うかを確認していくことについて手順を追って実施することが可能となるのです。

04 収集した情報をもとに課題を分析する ❷情報の分析

図表1-5 「している」「していない」等によるチェックポイント

❶「している」状態像の場合

セルフケアができている状態であるため、これを維持していくことになります。特に他者のケアは不要と考えられますが、本人が「無理して」している場合もあるため、専門職の視点でリスク等を確認しておくことが必要です。

❷「していない」状態で、本人の能力・意欲がともにある場合

セルフケアを広げることが可能な状態であり、自分で行える部分を探し、徐々に伸ばしていくことが重要です。

❸「していない」状態で、本人の能力はあるが、意欲が無い場合

意欲が無い状態のまま、セルフケアの範囲を広げようとすることは、本人に無理を強いるとともに、専門職にとっても負担が大きいことから、まずは意欲を高める可能性がないかを探ります。

❹「していない」状態で、本人の意欲はあるが、能力が無い場合

本人の意欲を活用して、生活の範囲を広げる可能性を探ります。自らの力を用いることが難しい状況であれば、他者の援助を用いて行うことも検討することが必要です。

❺「していない」状態で、本人の能力も意欲も無い場合

この状態からセルフケアを伸ばすのは難しく、労力も大きいため、ひとまずの対応としては様子をみることに留めます。ただし、例えば外出について、趣味が復活することによって外出意欲が高まっていくことなどがあるため、相互に絡む生活動作を見極めておくことが大事です。

❻「していない」状態で、本人の能力・意欲等が把握できない場合

初回面接など、信頼関係の構築ができていない段階では、能力・意欲の完全な把握は難しいため、ある程度時間をかけて能力や意欲を見極めていくこととなります。

インフォーマル・ケアのアセスメント

　高齢者や家族の暮らしを支えるには、介護保険をはじめとする専門的な支援サービスが必要ですが、在宅で生活する場合、実は家族をはじめ、親戚、近隣、友人、職場の仲間、宗教の仲間などインフォーマルな対人関係の存在が心理的な支えを含めとても大きいといえます。

　インフォーマル・ケアのアセスメントについては、その多くが心理面と社会環境面での「強さ」に直結することから、それぞれの相互関係についての質や量、交流内容やその人にとっての意味に注目をして行うことが大切です。

専門的ケアのアセスメント

　利用者や家族の「主観的情報」とそれらを取り巻く環境などの「客観的情報」を適切に収集した後、明らかとなった課題に最も適切に対応することができるサービス等を利用者や家族に提案するため、その地域で利用可能な事業所の選択など極めて具体的な情報の整理を行います。

　これらは、他のアセスメントに先行して行うと本人・家族がもつセルフケア能力、インフォーマル・ケアを追求する意欲を欠いてしまうことにつながりかねないため、アセスメント作業の最後に行います。

　具体的な情報の整理については、利用者のニーズに合うのか、提供される技術は求めているレベルに相当するのか、定員や要件等を含め実際に利用することは可能か、利用に係る費用はどれくらいか、利用申し込みの手続きはどのようになっているのかなどについて確認することが必要です（図表1-6）。

　なお、このような情報の入手にあたっては、パンフレット等に記載されている情報に加え、実際に現場で活動する専門職の評価がとても有効であることから、地域のネットワーク等を活用することが鍵となります。

04 収集した情報をもとに課題を分析する❷情報の分析

図表1-6 専門的ケアのアセスメント

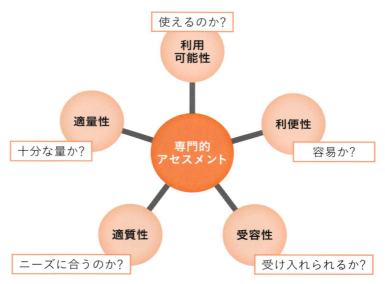

ケアマネジャーにはサービスの選択と紹介の責任がある

アセスメントの基礎知識

- 情報の分析のためにセルフケア能力の把握が不可欠です。
- インフォーマルな対人関係の理解も重要です。

05 収集した情報をもとに課題を分析する❸
進める上での留意点

> **POINT**
> アセスメントは「包括性」「利用者との協働」「連携」「継続性」がキーワードです。

包括性を踏まえる

アセスメントにあたっては、利用者を「身体・心理・社会的存在」として「全人的」に捉え、包括的に生活レベルでニーズを明確化していくことが重要です。

例えば、身体的に認知症の疾患がある人について、社会的に独居の場合と家族と同居している場合では、生活におけるニーズは大きく異なります。また、心理的に他人を拒否する場合としない場合では、解決すべき課題は大きく変わってきます。

したがって、身体だけ、心だけ、社会関係だけを別々に見るだけでは不十分であり、これらの情報を包括的に結びつけて、利用者の全体像を把握することが大切なのです。

利用者との協働

利用者や家族の中には、自分たちの生活上の困りごとや今後どのように生活をしていきたいのかなどについて漠然とした考えはあるものの、それらを言葉にして明確に表現することは難しいという人も多くみられます。

このような場合、ケアマネジャーは利用者や家族に代わって解決すべき課題の抽出などを行うのではなく、一つひとつ言語化して利用者や家族の意向を確認するなどして、アセスメントの段階から一緒に取り組んでいく視点が求められてい

身体面	心理面	社会的存在

包括的に捉える

るのです。

　このように、利用者や家族の「目標とする生活」のイメージを引き出すことができれば、その実現に向け、生活にも意欲が生じることとなり、望む生活の実現に向けて自ら取り組んでいくことが可能となるのです。

他の専門職との連携

　ケアマネジャーの立案したケアプランが所期の目的の効果を得るためには、看護職や介護職、ソーシャルワーカーなどケアに携わる多職種が計画の趣旨を理解し、それぞれの専門性を活かした評価を行いながら一つのチームとして課題に対応していくことが求められています。

　このような連携は、アセスメントの過程から実行することがとても有効であり、利用者が有する力と限界に関し情報を得る手段ともなります。

　アセスメントを担う専門職は、ケアマネジャーに限りません。ケアに携わる者が、それぞれの専門性を活かしながら、利用者が有する生活能力に着目したアセスメントを行い、その情報をもち寄って、総合的な支援を行うことが重要です。

　利用者に対して効果的な支援を行うためには、まず、「誰と、何のために、連携をするのか」を明確にすることが大切です。つまり、連携の必要性を整理して、意識的に連携を図る必要があるのです。相手からどのような情報がほしいのか、自分から伝えたい情報や依頼したいことがあるのか、協議しなければならない事

項があるのかを事前に整理した上で、行動を起こすことが必要です。

　また、チーム内において、自分と異なる専門性を尊重しながら協働するための場面づくりや連携ができるよう、ケアマネジャーが中心となって理解し合える関係性の構築に取り組んでいくことが大切です。

継続性を意識して取り組む

　アセスメントは1回限りでなく、繰り返し行う作業です。

　前述の通り、初回のアセスメントで身体機能から、健康の状態、毎日の過ごし方、家族のことまですべての情報を収集することは困難です。

　こちらのペースで知りたいことだけを質問しても、利用者は心を開いてはくれないでしょう。利用者のペースに合わせて、訪問の回数を重ねながら信頼関係づくりをしていくことが大切であり、その継続性の中にアセスメント情報の広がりと深みが増してくるのです。

まとめ

・「身体」「心理」「社会的存在」を包括的に捉えて利用者の全体像を把握しましょう。
・アセスメントは繰り返し行うことで情報の広がりと深みを増します。

COLUMN 1　ケアマネジャーの専門的見地とは

　ケアマネジャーの専門的見地とは、どのようなことを指すのでしょうか？

　ケアマネジャーの仕事の内容は理解できていても、専門的見地は何かと問われた場合、言葉にして明確に答えることは難しいかもしれません。

　では、逆に専門的見地が欠落していると思われるケアマネジャー像を考えてみましょう。

　その場合、例えば、「自立支援の考え方が十分に共有されていない」「課題の把握が十分でない」「公平・中立の取り組みが十分でない」「医療との連携が十分でない」など、これまでケアマネジャーが批判されてきたいくつかのキーワードが思い当たると思います。

　したがって、ケアマネジャーが備えておくべき専門的見地には、「自立支援の考え方を十分に共有する観点」「課題の把握を十分行う観点」「業務へ公平・中立に取り組む観点」「医療との連携を十分に行う観点」などが求められているといえます。

　中でも、自立支援の考え方については、利用者本位の考え方と相まって、ケアマネジャーの判断の拠り所として特に大切にしなければなりません。

　介護保険は利用者本位が基本であり、利用する介護サービスの種類や提供事業者を決める権限は利用者にありますが、利用者や家族の望むままにサービスを位置づけるだけでは、利用者が本当に望む生活を実現することはできません。

　このため、ケアマネジャーは、たとえ利用者や家族の要望に反してでも、専門的見地から策定した支援の方向性を丁寧に説明して根気強く同意を求めていく必要があります。

　このような意味において、ケアマネジャーの専門的見地は、職業上の信念であり良心であるいえます。ただし、専門的見地には知識や技術、経験の裏づけが不可欠であり、常に学ぶことによって自ら磨きをかけていくことがとても大切です。

06 アセスメントからケアプランを作成する

> **POINT**
> 「目標とする生活」を明確にイメージできるかどうかが大切です。

「目標とする生活」のイメージ

　ケアマネジャーが担うケアマネジメントは、本人が有する「セルフケア能力」を適切にアセスメントして、「本人ができることはできる限り本人が行う」ことを基本に、本人の生きる力をエンパワメントしていくことが求められています。

　したがって、本人が「できる」にもかかわらず掃除や洗濯などの家事を「していない」からといって、安易に代替サービスを位置づけ、漫然と代行してしまうことは、本人の「できること」を見つけるプロセスを失わせ、「潜在的な能力」までも次第に低下させることにつながります。

　このため、ケアマネジャーは、利用者が日常の生活において「していること」の現状を十分に把握しながら、「できないこと」と「していないこと」を分析する中で「できること」を見出し、少しずつ「できること」の拡大を図りながら、利用者のQOLを高めていく視点をもつことが大切です。

　利用者と「できること」を共有することにより、利用者が自ら「～したい」を見出すことができれば、その実現に向け、生活にも意欲が生じることとなり、利用者にとって満足度の高い、生き生きとした生活を目指すことができます。

　そのためには、「もう一度～がしたい」など、利用者が「目標とする生活」を明確にイメージできるよう、利用者や家族に課題に対する目標と具体策を十分に納得してもらうための合意のプロセスを丁寧に進めていくことが重要です。

　例えば、脳血管疾患によって半身麻痺の状態となっても、「もう一度、夫と社交

06 アセスメントからケアプランを作成する

1 アセスメントの基礎知識

ダンスを踊りたい」と利用者が「目標とする生活」を明確にイメージすることができれば、リハビリに取り組む意欲や栄養摂取などを含む日常生活の在り方にも大きな差が生じることとなります。

このため、ケアマネジャーは、利用者や家族がケアプランの内容等を理解し、的確に自己決定を行うことができるよう懇切丁寧に説明しながら支援していくことが大切です。

逆に、具体的に生活をイメージすることができないケアプランや漫然とサービスを提供するケアプランは、利用者にとって自立支援に向けた取り組みの方向性が見えないばかりでなく、ケアマネジャーにとっても、モニタリング時に的確な評価を得ることが困難となってしまいます。

利用者および家族の生活に対する意向

この項目は、利用者と家族にアセスメントを行い、あらゆる課題を明確にしていく中で、現況を踏まえたそれぞれの生活に対する考え方や要望などを簡潔に表すものです。

したがって、利用者や家族の言葉をしっかりと踏まえて作成することが大切であり、利用者や家族の言葉を傾聴する中で、それぞれの主訴を明確にすることが必要です。利用者および家族のさまざまな訴えの中から、この項目に記載すべき

主なものを抽出して簡潔に表現することについては、困難なケースも少なくありません。利用者の中には、自らの感情をあまり表に出さずに、実は納得をしていないにもかかわらず、ケアマネジャーから言われるがままの支援策を受け入れていることもありえます。このような場合、利用者に不満や不信感が残るため、支援策の効果が十分に得られないばかりでなく、利用者にとって真の自立支援にはつながりにくいのです。

　そのため、利用者に喜び、悲しみ、悩みなどの気持ちを素直に自由に表現してもらうことが大切であり、利用者が心を開いて何でも相談できるような関係を日頃のかかわりの中で築いていくことがとても重要です。認知症などの感情表出が難しい人の場合でも、快・不快は表情などから読み取れますので、その思いに寄り添うことを意識しましょう。

　その際、ケアマネジャーは、利用者やその家族の感情表出などに対して、自分自身の好き嫌いなどの感情をコントロールし、あくまでも専門家として利用者の現在・過去の行動や人格そのものを、あるがままに受け入れ、共感的にかかわることが求められます。

　例えば、利用者が平気で嘘をついたり、約束を守らないなどの問題行動があったとしても、感情的にならずに、それぞれの言動には相応の原因があって、そのような結果となってしまったということをあるがままに受け入れることが必要です。また、これまで最も親しく身近に接してきた配偶者等を亡くされた方は、強い喪失感や寂しさを感じながら毎日を送り、前向きに生きる力を失いかけているようなこともあります。ケアマネジャーがこのような思いを受容し、声をかけて励まし（あるいは声はかけずとも傍に寄り添い）、達成した成果を一緒になって喜ぶことは、利用者の生きる力を支えていくことにつながるのです。

総合的な援助の方針

　この項目は、アセスメントから導き出された利用者や家族の生活課題に対して、ケアマネジャーやサービス担当者が専門的見地から、どのような方針で援助を行うかを明確に表すものです。

　なお、ケアプランは、利用者と家族に内容を確認していただいた後に交付して、

課題解決に向けて一緒に取り組んでいただくことを前提としていますので、本人・家族にとってわかりやすい内容であるとともに、本人・家族が「何を」「どのように」して取り組むのか、できるだけ具体的に記載する必要があります。

生活全般の解決すべき課題（ニーズ）

第2表では、アセスメントの結果から、利用者の直面する課題を明らかにし、一つひとつの課題に対する対応策を検討するとともに、どのようなことを優先して解決を図るべきかを整理します。

課題を明確化することは、「何のために支援を受けるのか」について明確にする

図表1-7 生活課題の確認の視点

●利用者の主訴の背景に何があるのか。
●主治医に本人の健康状態を聞いているか。
●本人の困っていることについて、どのようになりたいのか、そのためにどのような支援が必要か、それによって生活はどのように変化するのか。
●ニーズ＝できないことや単なる困っていることの羅列になっていないか。問題点の指摘のみになっていないか。
●ニーズ化された背景に何があるのか。ニーズとした根拠を示すことができるか。
●困っていること、できないことをどのようにすることで、本人の自立支援や生活の質にどのように影響するかを考える視点や発想があるか。
●ニーズは介護サービスを利用するための目的となっていないか。
●ニーズは個別性のある具体的な記載になっているか。
●ニーズや目標の捉え方は達成可能な具体的な表記となっているか。サービスの提供がなぜ必要か、共通認識をもてるような記載になっているか。
●利用者や家族の取り組むべき課題が明確になっているか。
●「在宅で安全に生活できる」等の漫然とした表現になっていないか。利用者にとっての安全とは何か、をアセスメントを通じて具体的に考えているか。

ことであると同時に、「何の目的のために何をするか」を明確にすることでもあります。「生活課題（ニーズ）＝困りごと」ではありません。

達成目標の位置づけと評価

　援助目標の設定にあたっては、サービスの提供に際して提供期間を設定して、その期間において短期・長期目標が達成できたのかをきちんと評価することが重要です。決してケアプランを立てっぱなしにせずに、「いつまでに」「何を」「どのようにして」「目標を達成する」のかをきちんと評価することが大切です。

　もう一つ大切な視点は、サービスを利用した後に、利用者の生活にどのような変化が生じて、利用者の生活の質（QOL）が充足されたのかを確認することです。そのためには、実現可能な目標の設定を行い、小さな成功事例をできるだけ多く重ねていくプロセスを大切にすることが重要となります。つまり、些細なことでも、自分で決定した目標を自らの力で達成した体験を重ねることが自信につながるのです。

・「目標とする生活」を具体的にイメージできれば、利用者の意欲が高まります。
・利用者の思いを受容して、寄り添うことが大切です。
・自分で決定した目標を自らの力で達成できるように支援していきましょう。

情報には客観的事実と主観的事実がある COLUMN 1

　私たちは、たくさんの情報をさまざまな方法で入手しますが、その情報は、客観的事実と主観的事実に大別することができます。

　客観的事実とは誰にとっても事実であることに対して、主観的事実はその人にとっての事実ということになり、どちらもとても大切な情報です。

　例えば、「医師から飲酒を止められている人が、毎日お酒を一合飲む」というのは客観的事実ですが、「病気を悪くしたくないから、本当はお酒を飲むことをやめたいのにやめられない」と考えているAさんと、「唯一の楽しみだから何を言われても飲む」と考えているBさんがいるとすると、それぞれがAさんにとって、Bさんにとっての主観的事実ということになります。

　また、家族のCさんが「もう年だからそれくらい飲ませてあげたい」と考えているとしたら、それはCさんの主観的事実となります。ここに情報を受け取ったケアマネジャーの「よい・悪い」の判断（価値）が入ってくるとさらに情報が複雑化することになります。

　何が客観的事実か、誰の主観的事実かを明らかにし、そこにケアマネジャーの主観や見立てを入れないように情報を捉え、整理していくことが非常に重要なアセスメントの基本だと思います。

07 アセスメントツール

> **POINT**
> アセスメントツールに決まった様式は
> ありませんが、「課題分析標準項目」を
> 満たす必要があります。

ツールの使用にあたって

　アセスメントにあたっては、定型的なツールを用いて情報収集することも多くみられます。アセスメントツールについては、さまざまな団体が作成したものや個別の事業所において独自に開発したものなどがあり、決まった様式はありませんが、厚生労働省が定めた「課題分析標準項目」を満たしている必要があります。

　アセスメントは利用者とケアマネジャーの協働作業です。ケアマネジャーの一方的な質問に答えてもらいツールのシートを埋める作業ではありません。

　新人ケアマネジャーのアセスメント場面では、利用者がケアマネジャーの顔を見て一生懸命話しているのですが、ケアマネジャーはシートの質問項目を埋めることのみに終始してしまい、利用者や家族の顔を見る余裕すらなく、矢継ぎ早に質問攻めにしてしまうことも多くみられます。そのうち、利用者や家族もケアマネジャーのメモを取る姿に気を取られてしまい、話をする意欲が失せてしまう場面も見受けられます。このような場合、利用者や家族から、「ケアマネジャーは、少しも話を聞いてくれない」「とっつきにくくて、話がしづらい」などマイナスのイメージを与え、信頼を得ることができません。

　アセスメントは、利用者や家族とケアマネジャーの相互交流であることを必ず念頭に置いてください。アセスメントを介した交流を通じて、ケアマネジャーに相談できてよかった、これからの生活に少し前向きになれたと思ってもらえるようになりたいものです。

代表的なアセスメントツール

代表的なアセスメントツールについて図表1-8にまとめました。

図表1-8 主なアセスメントツールの様式と特徴

❶MDS-HC方式
在宅・施設どちらでも使用可能。「機能面」「感覚面」「精神面」「健康問題」「ケアの管理」「失禁の管理」の6領域を包括的に把握できる。

❷日本社会福祉士会方式
課題分析の内容が最も広範囲かつ細部に及ぶ。「本人・家族等の意見・要望」と「アセスメント担当者が判断した問題」を記述するスペースがあり、包括的なニーズ把握に効果的だが、アセスメントには長時間が必要。

❸日本訪問看護振興財団方式
成人から高齢者まで幅広い層が対象。記入が複数回できる方式なので、今までの経緯を確認できる。

❹三団体ケアプラン策定研究会方式
要介護認定に用いる認定調査票と連動している。施設での使用を想定したツール。

❺全社協方式
居宅サービス計画ガイドライン。エンパワメント支援の考え方を盛り込んでおり、11枚のシートから成る。

※本書の第5章では❺全社協方式を用いて解説しています。

先輩からのアドバイス

アセスメントツールは事業所指定のものがあるかと思いますが、基本的には何を使ってもよいと思います。大事なことは、アセスメントシートの項目を埋めることだけに終始せず、利用者や家族の顔をしっかりと見て、今後、どうしたいのか、また、どのようなことを心配されているのかなど話をよく聞くことです。

08 アセスメントの土台となるもの（想像力と創造力）

> **POINT**
> ケアマネジャーに求められる想像力と
> 創造力をしっかりと磨いていきましょう。

面接技術の確立

　ケアマネジャーは、対人援助職であり、しっかりとした面接技術が必要です。確立された面接技術が土台となりその上にツールの活用があってこそ、効率的で効果的な情報収集が可能となるのです。本書では詳細には触れませんが、「うなづきやあいづち、復唱や要約、合意形成」などはケアマネジャーに必須の技術ですので、本シリーズ中の『面接援助技術』を読むなどして学んでください。

想像力と創造力

　また、相談者の中には、相談者が自分や家族の問題はできるだけ他人に迷惑をかけたくないと思われている場合やケアマネジャーに対する信頼関係が構築されていない場合においては、感情を表現することに対して躊躇することがよくみられますが、その背景にある感情に対して、感受性をもって推し測ること、つまり「想像する力」が大切です。相談者が発する言葉だけを受け取るのではなく、相談者の表情、しぐさ、姿勢、手の動き、目の動きなどをよく観察し、自分の感受性をフルに働かせて相手の感情を理解していくことが大切です。

　同時に、ケアマネジャーには、利用者の生きる力をエンパワメントしていくことが求められています。配偶者など、これまで最も親しく身近に接してきた方を亡くされて、強い喪失感や寂しさを感じながら毎日を送っている方は、生きる力

08 アセスメントの土台となるもの（想像力と創造力）

1 アセスメントの基礎知識

を失いかけていることもあるため、その思いを受容し、励まし、生きる力を支えていくことがとても大切です。

　利用者や家族のさまざまな課題に対して、どのようにすれば生きがいや希望をもって生活していくことができるか、ケアマネジャーは柔軟な「創造力」をもって利用者と一緒に考え、生きる意欲を引き出すプランを立てることが重要です。

　ケアマネジャーが、こうした実践力を身につけるためには、経験を重ねる中で自己研鑽を積むことが必要ですが、スーパーバイザーによるスーパービジョンを受けることが最も効果的な学習であると思います（第2章 04）。

　なお、利用者や家族の境遇や生い立ちに共感して、必要以上に感情移入をしてしまうと、他の利用者との公平性を欠くことにもつながりかねません。ケアマネジャーは、利用者や家族の感情に呑み込まれてしまわないよう自分の感情を統制して接し、あくまでも支援を担う専門家としてかかわっていきましょう。

・利用者の声なき声を拾い、生きる意欲を引き出すプランを立てるために自己研鑽を積んでいきましょう。

まとめ

想像力と創造力

COLUMN

　目の前にいる利用者は、加齢に伴う倦怠感や体の痛み、認知症の発症に伴う大きな不安感など、私たちが経験したことのないさまざまな生活のしづらさを抱えています。

　そのような方々に対して、「認知症だから〜である」「要介護1だから〜のはずである」など、先入観や思い込みをもたずに、その人のこれまでの生き方を知り、今の生活の隅々まで思いをめぐらす力がケアマネジャーにとっての想像力であるといえます。

　ケアマネジャーに求められる想像力には、「なぜ、利用者はいつも悲観的な考え方をするのだろう」「経済的に余裕があるはずなのに、なぜ、極端に金銭的な負担を厭うのだろう」などの疑問を感じる力が必要です。また、ケアマネジャーがなぜそう感じ、判断したのかというエビデンス（根拠）が必要であり、このエビデンスを得るためには面接技術に基づくコミュニケーション能力が不可欠です。

　一方、お孫さんと電話で話すことが唯一の楽しみだった利用者が失語症を発症して会話ができなくなった場合などは、スマートフォンなどのテレビ通話機能を活用することやSNS・メールなど声以外のツールでコミュニケーションを図ることができると思います。

　このように、できなくなったことをあきらめるのではなく、豊かな発想で他のさまざまな手段や別の楽しみを見出し、提案していく力がケアマネジャーに求められる「創造力」であるといえます。

アセスメント力を磨く行程

2

CONTENTS

- 01 1年目のアセスメント力―必要な情報を収集できる
- 02 3年目のアセスメント力―その人らしさが追求できる
- 03 ベテランのアセスメント力―自立支援に向けたプランにつなげる
- 04 アセスメント力を磨く手法

01 | 1年目のアセスメント力
―必要な情報を収集できる

> **POINT**
> アセスメントでは、利用者を全体的に捉えて、情報収集や分析を行います。まずは情報をまとめていく基礎の力をつけていきましょう。

1年目にアセスメントの基礎を学ぶ大切さ

　アセスメントは、さまざまな情報の収集・確認と整理を行いながら、利用者や家族が現在の生活で困っている状況の改善や望む生活を実現していくために、解決すべき課題（ニーズ）を抽出していくことです。利用者や家族の話にしっかりと耳を傾けて、相談者の心情や想いを理解するように努め、そこからケースを理解するために必要な情報を利用者や家族と確認していきます。

　アセスメントの基本は、利用者の抱える問題や困りごとだけに着目をするのではなく、ケースを全体的に、利用者を全人的に捉えていく視点が大切ですが、経験の浅いケアマネジャー（特に1年目）ですと、感情を前面に出して、支援を訴える利用者や家族の勢いに押されてうまく話をまとめられず、面談を終えてみたら必要な情報が集められていなかったり、情報が散見して、どこに焦点を当てればよいのかわからず、困惑するという事態になりがちです。

　アセスメント力の向上は簡単ではありませんが、まずは情報収集、整理と分析、課題の抽出について一つひとつ丁寧に取り組んで、基礎力をつけていくことを心がけましょう。基礎力を身につけた上でさまざまな理論を学んだり、実践を重ねることでケースを全体的に、利用者を全人的に捉えるアセスメント力がついてきます。それには、長い時間と経験が必要ですが、ケアマネジャー1年目の方は、基礎力を身につけていくことをじっくりと学んでいきましょう。

01 1年目のアセスメント力

2 アセスメント力を磨く行程

情報収集の枠組みを覚える

　利用者や家族からは、困りごとや要望を中心に、生活全体の問題から病気のこと、経済状況まで、さまざまな情報が出てきます。そうした情報を整理して、必要な情報にまとめるために「情報の枠組み」を覚えていきましょう。「情報の枠組み」とは、ここでは「必要な情報の基本的な選別」とします。

　情報収集には、アセスメントツールを使用しますが、多くのアセスメントツールは「課題分析標準項目」を基本として作られています。この「課題分析標準項目」の解説は第3章で詳述しますが、ケースを全体的に見るために関連した項目で構成されているので、アセスメントシートの項目を覚えていくことは、基本情

035

報の基礎づくりとして役に立つでしょう。

　アセスメントシートには単に情報を入れるだけではなく、利用者の「個別性」や生活の様子を反映させます。例えば、ADL（日常生活動作）の確認を、「歩ける」とか「一部介助」だけでは、生活の中で歩行がどのように行われているのか様子がわかりません。そこで、「歩行は脳梗塞の後遺症で左足に短下肢装具を装着。一部介助が必要だが、自力で歩くと言われて介助は拒否。家の中は10mほどなら家具に伝ってゆっくり移動」という情報だと、様子がつかめてきます。これらはICFの視点で心身機能・構造の障害（脳梗塞）から活動（歩く）を可能としている構造（筋肉等）と、環境因子（住居）や個人因子（性格）などの関連性を考えたり、日常生活の様子は、少しでも普段の様子や人となりがわかるように情報収集をすることを意識してみましょう。

　また、アセスメントで確認した情報は、曖昧な表現ではなく、本人、家族や支援を行う関係者が共有できるようにすることも大事です。例えば、訪問をした家の様子について「すごく大きな家だった」と主観的な報告をするのではなく、「日本家屋の一戸建で2階建。1階に8畳ほどの洋室が2部屋と6畳の和室が2部屋。本人の自室は2階」と具体的に数で表すと、関係者は理解しやすく情報共有ができます。また「綺麗な家だった」ではなく、部屋が整理整頓されていた、インテリアや花が飾られていたなど、綺麗だと感じた情報を具体的に表します。

情報内容について確認をする―言語化を行う

　アセスメントは利用者との協働作業です。利用者と一緒に情報の確認をすることで、情報にも個別性が反映されてきます。利用者自身もわかりやすい言葉で整理し直して確認を取ることで、自分の現状の生活の再確認ができます。利用者本位を考える上でも、アセスメントを協働作業で行い、利用者自身が現状の問題を自分の言葉で表していくことは大事なことなのです。

　そこで、アセスメントでは、確認する内容を共有しながら進めるために「言語化」を繰り返して「確認作業」を行います。

「確認作業」は、利用者や家族が話す内容をしっかりと聞いて、「こういうことで、〇〇ですね」と話に表出されている問題や、感情の部分を相手がわかりやすいよ

うに「言語化」して伝えて確認をしていきます。

　実践の現場ではこの作業が行われていないと、「(なんとなく) こうかな?」と曖昧なまま問題を捉えようとしたり、「これが困りごとだな」とケアマネジャーが勝手に判断してしまいますが、これでは問題の当事者である利用者や家族と、話を聞く援助者の問題の受け取り方に違いが生じてきます。援助者は自分の考えたことを言語にして確認することで、利用者との理解の共有を深めていきます。

　また、こちらから確認したいことを質問する時は、その質問の理由と内容がわかりやすく伝わるように努めましょう。

　例えば、人が歩行して移動する際、目的があって、その場所へ歩行していきます。そのため「歩ける・歩けない」といった、「できる・できない」を聞くのではなく、「日中は一人になるので、一人で歩く際に問題が無いか様子を教えてください」「お昼の準備に台所まで行かれたり、トイレまで移動される時に問題はありませんか?」と歩く様子を確認していきます。

利用者も確認をされる理由やシチュエーションがわかると、状況を話しやすくなります。担当をしたケースのアセスメントに、今までの実務の経験から類似したケースを思い出して、同じような目で見てしまい、無意識のうちにバイアスをかけて理解してしまったり、確認を怠ってしまうことがありますが、利用者は生活様式も習慣も、個別性があって情報は異なるのです。必ず確認をして「事実」を確かめていきましょう。

利用者の全体像と個別性を見る―利用者の人生に携わる

　アセスメントでは、利用者が望む生活を送るために、利用者自身は何に取り組めばよいのか、本人の「エンパワメント」を引き出していくことも大切です。「エンパワメント」とは、その方が人生の中で身につけてきた力や能力を引き出して問題解決を図る力です。その力を推し量るには「生活史」を見て、過去に起きた困難な出来事をどのように乗り越えてきたか、その様子を確認します。そして今の問題を本人や周囲の人たちがもっている力で解決できるかを考えます。本人や家族も支援を受けるだけでなく一緒に取り組むことで自尊心の尊重とQOLの向上につながります。

　個別性では、利用者の「人となり」をしっかりと見ていくことです。「人となり」を理解するには、利用者の生活歴などから探っていきます。本人の個性や価値観は、その人が生きてきた時代の考え方や教育、社会的な出来事などが大きく影響してきます。どのような家族のもとで生まれ育ったのか、お金に困っていたのか、裕福だったのか、学校や就職した会社での人間関係はどうだったのか、その人のライフイベントやかかわってきた人たちそのものが、その人の価値観や生き様に大きな影響を与えます。そうしたことが、今の暮らしへとつながっているので、支援の手立てを考える時にとても重要な情報です。

全体の確認を行う

　私たちは相談の中に出てくる認知症による行動・心理症状や、病気、虐待など、問題が大きいほど、困りごとばかりに関心をもって情報を聞き出そうとしてしま

01 1年目のアセスメント力

図表2-1 1年目のアセスメント力

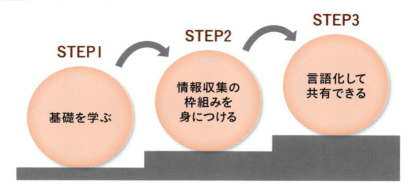

います。すると、情報の収集が問題確認に偏ってしまい、全体を客観的に捉えた情報では無くなってしまいます。

そのために「利用者に何が起こっているのか」「その背景は何か」といった利用者の全体像を明らかにしていきます。全体像は身体（ADL、IADL、残存機能の活用）・社会（地域・家族等との関係、各種活動への参加）・精神（意欲の改善、自らの意思決定）などを総合的に見ていきます。アセスメントでは「感情・主観」と「事実」は分けて考えます。

図表2-1に1年目で身につけておきたいアセスメント力のステップを示しました。参考にしながら学習を進めてください。

まとめ

・アセスメントの基礎力をつけていくことは、ケアマネジメント業務のすべてに通じる力となります。
・アセスメントは問題ばかりに注目して、その部分への情報収集に偏ってしまわないようにしましょう。

02 | 3年目のアセスメント力
―その人らしさが追求できる

> **POINT**
> 3年目になると、アセスメントの視点も変わってきます。視点の幅を広げて応用ができるようにしていきましょう。

1年目との違い

　アセスメントの視点は、経験年数によって着眼点が変わってくるものです。3年間で見てきたさまざまな人やその生活、多職種連携の中で学んだ職種ごとのアプローチの視点など、実務で積み重ねてきた経験からアセスメントの視野も広くなり、支援を行うために必要な情報の選択や、その確認の仕方も適切にできるようになってくる時期です。

　そして3年目からは、これまで積み重ねてきたことを実践で応用して、アセスメントの基礎力を、着実に身につけていく時期ともいえます。
「応用」とは、例えば、利用者の暮らしの中で行っている活動の様子を、より深く掘り下げたり、利用者の活動がもつ意味や理由の「根拠」をきちんと言語化や文書化をして、利用者やケアチームにわかりやすく伝えていくことです。この作業が1年目とは何が違うかというと、ケアマネジメントにおける「理論」を、自分の実践に用いることができるという点です。

　アセスメントの結果から「多分、こう思う」と感じても、それを利用者や多職種に伝える時に「なんて書いたらよいのかわからない。難しい……」と1年目は感じていたと思います。「言葉」は、経験や理論から意味をもって生まれてくるものもあり、3年目になるとこれまでの経験から「伝える力」や「実践力」が備わってきているので、自分なりの「根拠」をきちんと言語化できるのです。

　「理論」はアセスメントを確かなものとして、そして、「考え方の拠り所」として

助けてくれますが、インプットをした後にきちんとアウトプットをしていかないと、自分のものとなっていきません。それが3年という月日の中で磨かれていくのです。

さまざまな理論の応用

　ここで少し「理論」について触れます。ケアマネジメントの基本となる理論は「ICF（国際生活機能分類）」の視点です。ICFは生活上の問題で何が発生しているのか、その背景や要因を探る時に、利用者の身体や健康状態、活動などを多角的に見ることができます。

　ICFの構成は「健康状態」「生活機能」「背景因子」が相互に関連しています。「生活機能」には3つのレベルがあり、「生命レベル」として心と体の働きや構造

（心身機能・構造）、「生活レベル」として生きていく上で行う行為（活動）、「人生レベル」として家庭での役割や地域社会の参加（参加）があり、ICFの中心となる概念です。その「生活機能」に家庭や職場といった社会的な要因（環境因子）や年齢、性格などの個人の要因（個人因子）といった背景に影響を及ぼす背景因子があります。生活上の問題は本人の能力だけでなく環境も影響しますので、この枠組みに情報を整理することで、生活上に起きている問題が一つの要因だけではないことが見えてきます。またICFは多職種と共通理解を図るツールでもあるので、医療との連携を図る上でも疾病による原因から引き起こされる生活問題について共通理解しやすいでしょう。

またICFの特徴である、本人の強さを引き出す部分の情報では、特に「参加」の部分に利用者が意思や意欲を表した行動が反映されやすくなっているので、情報を確認してみましょう。

しかし、人の行動や動機は一つの理論では説明できないこともあるので、人の意欲や自己実現の行動を理解するために、マズローの欲求階層論（図表2-2）を用いて、ICF理論の生活機能の「参加」にある行動の動機の理解へとつなげます。

人の引き起こす欲求を5つの段階で見て、低次の階層の欲求が満たされると高次の階層の欲求が生まれる「自己実現（論）」としています。本人の今の状況と望む暮らしが、どの欲求階層にあるかを確認して、プランの目標へ取り組む意欲を図ります。例えば、病気が治癒して、今までと同じ生活を送れるようになり「安心・安全」の欲求が満たされると、以前と同じようにサークルの仲間と交流をして、楽しい時間を過ごしたいと思う「所属と愛の欲求」に欲求が昇華します。この理論は、本人の行動や動機の理解につながり、モチベーションの向上やプランの目標へと結びついていきます。

ICFや欲求階層論、システム論や他のさまざまな理論も、人を理解するための知識でありこれらを学びながら、対人援助職としてのアセスメントを幅広く豊かなものにしていきましょう。

また、理論を取り入れたより実践的な学びのため、「事例検討会」や「ケアプランを作成する研修会」、「ケアマネジメントプロセスを理論で解説してくれる研修会」などもよい学びの場となります。

図表2-3に3年目のケアマネジャーのアセスメント力を図示しました。

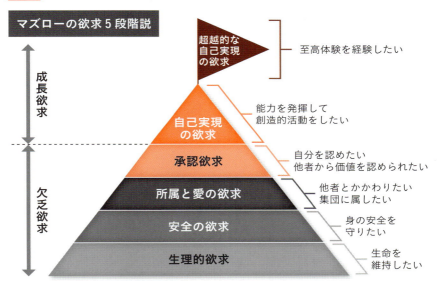

図表2-2 マズローの欲求階層論

　アセスメント力の向上には、基礎として学んだ理論や技術を臨床場面で実践して、その振り返り作業が必要となります。実践のプロセスの省察を行い、実践を繰り返し、理論を学ぶという反復作業を行いながら、より確かな力がついてきます。

3年目に期待される能力

　前述してきた理論を学び、実践に応用していくことで着実に地力がついていきます。そこで、アセスメントに対する自信を深めてきたら、次のステップです。継続して、アセスメントの質を高めていくことも大切ですが、そのアセスメントの結果や考えについて、利用者や周囲の人に伝えて理解してもらう表現力が必要です。また、ケアマネジャーの独りよがりのアセスメントにならないように、言語化をして表現することで、利用者を含む周囲からの適切な評価へとつながっていきます。
　表現力を高めるには、これまでのケースにおけるアセスメントを振り返り、改

図表2-3 3年目のアセスメント力

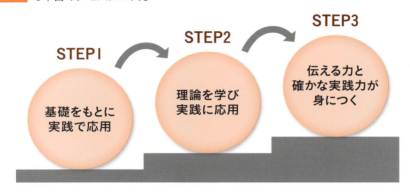

めて利用者の理解をより深く広く行う作業をしたり、事例検討会に参加して他のケースのアセスメントを追体験することも、表現力を深めるチャンスです。

さらに、多職種がアセスメントをどのように行っているかも考えてみましょう。ケアチームに携わっている多職種はケアプランをもとに「訪問介護計画書」など、職種ごとに計画書を作成しますが、内容は当然ながらケアプランの焼直しではありません。その職種の視点で利用者を別の角度で捉えていますのできっと参考になるはずです。さまざまな視点で学びを深めることで説得力が増し、伝える力と確かな実践力へとつながっていくでしょう。

先輩からのアドバイス

　3年目こそが、基礎の部分をしっかりと見直して作っていく大事な時期なのですが、担当するケースに対して、今までの類似したケースの経験から先入観をもってしまい、アセスメントがおざなりになりやすくなる時期でもあります。アセスメントもケアプランも一人に一つ、誠意をもって取り組むことを忘れずに心がけてほしいものです。目の前にいる利用者は、目の前にいるあなたを信頼しているのですから。

活動の意味とは

COLUMN 2 アセスメント力を磨く行程

　例えば、女性で1日に3食の調理をされる人がいて、その活動は日課として基本情報やケアプラン第3表等に書かれます。アセスメントにおいて「食事を作る」のが「当たり前」という意識で聴くと、大事な意味が見過ごされてしまいます。

　調理を行う理由を考えた時に、家族がいれば、妻として母としての「役割」があり、家族の健康管理やお腹を満たすための美味しい食事を作る「意義」もあるでしょう。

　ところが、一人暮らしであれば、必要があって3食を用意するけれど、調理はせず購入した惣菜やお弁当ですます回数が増えたりします。これは、環境が変わることでその活動を行う「役割」と「意義」も変化してくることが理由です。

　利用者が普段行っている「活動」は、その意味や理由をより幅広く、行動の意味を深めていくようにアセスメントを行っていきましょう。

03 ベテランのアセスメント力
―自立支援に向けたプランにつなげる

POINT
より深くその人らしさを理解するために
エコマップとタイムライン〈生活史〉と
現在の生活の関連性に着目します。

エコマップとタイムライン

　ケアマネジャーとして5年目を迎える頃にはかなりアセスメント力がついてきています。「その人らしさ」を把握するためには、今の本人と周囲の状況を見ているだけでは理解しえないことがあることも経験上よくわかってきます。「その人らしさ」をより深く、広く捉えるために、エコマップとタイムラインの活用について考えていきます。

　エコマップとは現在の利用者の人や社会資源とのつながりを可視化できるツールです（図表2-4）。

図表2-4 エコマップ

エコマップでは線の太さや矢印の向きで関係性を表します。これは、その人の現在の人や物とのつながりを表しますが、どういった歴史があって今のつながりがあるのかを知るにはタイムライン（生活史）が有効です（図表2-5）。

図表2-5　タイムライン（生活史）

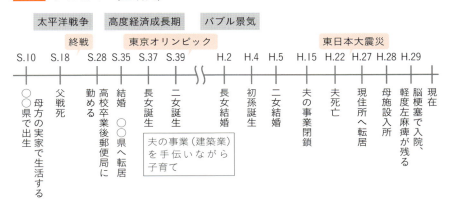

その人のライフイベントがいつどこであったのか、その時の時代背景や社会情勢も合わせて書くことで、その人の生活歴を生き生きと描くことができます。「今現在のその人らしさ」を作ってきたものは「過去」です。過去の経験やその時の環境を知ることは、今のその人を知る大きな手がかりになります。どこで、どのような両親のもとに生まれ、どのような教育を受けたのか、教師や友人にどんな影響を受けたのか、就労環境はどうだったのか、結婚や子育ての時期や地域性は……、そこにはその時代の文化的背景や社会情勢も大きく影響を与えます。

戦時中に青春時代を過ごした人と現代の若者では、何を大切にするか、自分らしさとは何かを考える機会や思考過程など全くといっていいほど違うと思います。

何が正しい、正しくないではなく、その人が今自分のことをどう捉えているか、この先どうしていきたいか、それを決める本人のベースとなるもの、その背景を知ることがベテランのアセスメントには必須です。

また、つながりと時間軸の関係も大事です。例えば、前述したエコマップとタイムラインは同一の利用者のものとなりますが、この中でも、「施設入所している母親への思いが強いのは、戦争で父を亡くし、母が苦労して自分を育てたことを

よくわかっているからかな」とか、「お隣さんと親しく行き来する関係で、サークル活動でも親しい友人がいるけれど、今の家に転居してきたのは3年前で、あまり長い時間はたっていない。ここから、本人の社交的な性格と短期間で地域にとけ込む力をもっていることが読み取れそうだな」などと考えることができます。

ケアプラン第3表の活用

こうしたことを踏まえて現在の生活を把握します。

ケアプラン第3表は、利用者の1日、1週間、1か月、中長期間の生活を捉えることができる便利なアセスメントツールだと考えることもできます。

表の右側は「主な日常生活上の活動」欄になっています。

24時間の流れでその人が何時頃何をしているか表せるものです。

朝何時に起きて、そのあと何をするのか、布団に入ったまましばらくテレビを観る人もいれば、お仏壇にお水をお供えする人、窓を開けて部屋の空気を入れ換える人もいるでしょう。朝一番にその人が習慣的にすることを知ることで、その人が大切にしていることがわかると思います。

図表2-6では、6時に起床後すぐに、亡くなった夫の写真に向かって手を合わせることを習慣としています。また就寝前には必ず遠方に住んでいる長女から電話が入り、安否確認と1日の出来事を互いに話す時間をもっています。エコマップの亡夫と長女とのつながりの線の太さを考える情報にもなります。

1週間、1か月単位では、介護サービスのみの記載だけではなく、隔週火曜日には老人センターのサークル活動でフラワーアレンジメントに参加しているとか、月に1回自治会で行っている集合住宅の掃除当番に参加していることなどを記載してもよいと思います。

以上、解説してきた3つのツールを個別にではなく、関連性をもって描く、見る技術がベテランには必要になってきます。人は今だけを生きているのではなく、また一人だけで生きているはずもありません。つながりと広がりと時間軸という視点で総合的に全人的にその人を理解していきましょう。

図表2-6 ケアプラン第3表

週間サービス計画表　　　作成年月日平成○○年○○月○○日

利用者名 ○○ ○○様

	月曜日	火曜日	水曜日	木曜日	金曜日	土曜日	日曜日	主な日常生活上の活動
深夜 4:00								
早朝 6:00								起床、夫の写真に手を合わせる
8:00								朝食
午前 10:00	通所介護		通所介護					新聞を取りに行き、読む／デイサービスへ(月)(水)／デイサービスに行かない日は洗濯
12:00								昼食
午後 14:00								デイサービスから戻る(月)(水)／午睡(30分ほど)
16:00					訪問介護			テレビを観る
18:00	宅配弁当		宅配弁当					夕食(週2回宅配弁当)／入浴1日おき
夜間 20:00								
22:00								長女より電話が入る／就寝
深夜 24:00								夜間1回トイレへ行く
2:00								
4:00								
週単位以外のサービス	手すり貸与　○○総合病院通院(月1回)／老人センターでフラワーアレンジメントに参加(隔週(火))自治会の掃除当番(月末1回)							

自立支援に向けたケアプラン作成のために

　いくらケアマネジャーが課題を分析しても、本人がその必要性を理解して取り組もうとしなければ、自立に向けた支援を行うことはできません。本人は自身の現状をどのように認識しているのでしょうか？「できないことが増えて情けない」「体力がなくなって考えることも面倒だ」と自信を失っているかもしれません。「なんとかよい方向に行くよう努力したいけれどその方法がわからない」のかもしれません。

　ケアマネジャーは、アセスメントの結果を本人・家族に丁寧に説明しながら、認識を深めてもらうようかかわります。情報を共有しながら、本人の自立した生活に向けて相互交流を図っていきます。この相互交流を図るためには、面接技術が必要不可欠です。

　うなずき、あいづちを繰り返しながら話を聞くこと。ここにはケアマネジャーの価値観は入り込まず、相手のことをありのまま受け止める姿勢が求められます。「自分のことをわかってくれる人」と相手に思ってもらう面接技術を身につけることが、自立支援に向けたケアプラン作成の第1歩なのです。

図表2-7 ベテランの実践力を支えるもの

実践の積み重ね等

・ケアマネジメント実践
・自立支援につながる
　ケアプラン作成　等

ツールの活用

・ジェノグラム
・エコマップ
・生活史
　（タイムライン）
　　　　　　　等

面接技術

・うなずき／あいづち
・復唱
・沈黙　等

理論

・ICF
・マズロー
・家族システム　等

基礎力

・ケアマネジメントの全体像の理解
・情報収集の枠組みの理解　等

　経験を積んでくると、よくも悪くも「なんとなく○○だろう」と物事を見立てる力がついてきます。大筋で「○○だろう」と予測できる力はベテランのもつ強みですが、必ず「○○だろう」と考える根拠を明確にしておく必要があります。それが私たちの支援の根拠だからです。これまでの経験値を活かしながらも、基本に立ち返ることを定期的に実施してほしいと思います。

　基礎力の上に理論と技術を積み上げ、さらなる実践を積み重ねながら、自分の仕事に誇りをもち、「かけがえのない一人の人」を支援してください。

03 ベテランのアセスメント力

2 アセスメント力を磨く行程

先輩からのアドバイス

　アセスメントの結果、導き出されるケアプランには未来のことが書かれます。この先、こういった取り組みをすることや支援を受けることであなたの望む生活をこんな風に叶えていきたいというケアマネジャーからのメッセージです。「その人の未来を考えるには、その人の今と過去を知る」ことが必要です。本人、家族に、過ごしてきた過去に思いを馳せてもらい、現状をしっかりと認識した上で、未来を一緒に考えていくアセスメントを心がけていきましょう。

さらなる第3表の活用　COLUMN

　第3表の主な日常生活上の活動をADL面だけでなく、IADLにおいても捉えていきます。例えば、「朝ご飯は何時に食べますか?」「どんなものをどのように準備しますか?」「それは誰がしますか?」→調理についての情報
　「朝洗濯はしますか?」「週に何回くらいしますか?」「どこに干しますか?」「取り込みはどうしていますか?」→洗濯についての情報
　「掃除はしますか?」「掃除機を使いますか?」「週に何回くらいしますか?」→掃除についての情報
　「買物は何時ごろ、どこに行きますか?」「週に何回くらい?」「買物以外に外出はありますか?」→買物と交通機関の利用についての情報
　「薬は毎食後に飲みますか?」「飲み忘れはないですか?」→服薬管理についての情報

　これらを1日の流れ、1週間の流れで把握するようにしましょう。それを第3表に落とし込んでおくと、ケアプラン作成時や多職種連携においても、役立つ情報になります。ただし、これらは、会話のキャッチボールの中で把握し、決して矢継ぎ早に質問しないよう注意してください。

04 アセスメント力を磨く手法

POINT
人に伝わる言葉を使う、わかりやすい文章を書く、とにかく反復練習が大切です。

上司への報告

「新人」と呼ばれる期間には、まず上司に業務報告をする習慣をつけましょう。自分の実践の根拠を明確にするためには人に説明する（自分の考えを言語化し、他者にわかるように話す）トレーニングが必要です。日頃から、利用者との面接を終えたら、その内容をこまめに上司に報告することです。上司は、自身の経験から、あいまいな部分を指摘したり、質問をしてくるでしょう。それに答えることで、自分の中であいまいになっていることが明らかになり、思考をまとめることができると思います。上司からのアドバイスによって自分に足りない視点を補うこともできるでしょう。その後で、アセスメント表をまとめる、ケアプランを作成するという過程に移ったほうがスムーズに書くことができるはずです。

書きながら手が止まったら、再度上司に相談し、「この表現で利用者に伝わるだろうか」「適切な言葉遣いになっているだろうか」などあらゆる面から検証してもらいます。あなた自身が自分の言語力、文章力をアセスメントしながら書き進める意識をもつとよいと思います。上司への業務報告の場をアセスメント力を磨く機会として積極的に活かしていきましょう。

本を読む

文章を書くためには、まずたくさんの言葉や文章を読むことから始めてみま

04 アセスメント力を磨く手法

しょう。読み慣れることです。

　どんな本でもよいと思いますが、お勧めは現代小説、歴史小説、新書など、活字の多いものです。この場合、漫画のようなものはあまりお勧めしません。本を読み慣れない人は、初めは抵抗があるかもしれませんが、無理に難しい本を読む必要はなく、自分の興味のある分野のもの、飽きずに読み進められそうなものをまず選んでください。

　利用者の状況や思いを適切に表現する語彙をたくさんもっていると、面接場面でもケアプラン作成においても必ず役に立ちます。そのために、本を読んで表現力や語彙力を磨くのです。

また、本を読むことは、自分以外の人の思考過程を知る機会になります。同じような境遇にいる人でも人は一人ひとりみんな違う考え方をする生き物です。同じ親から生まれ同じ環境で育った兄弟でも全然違う思考をする人たちも珍しくありません。周りにいる人や環境に影響を受けて、さまざまな経験（成功体験、失敗体験）をしてきています。利用者もさまざまな考えをもつ人がいます。ケアマネジャー自身と違う価値観をもつ利用者を受け入れるためには「人はみんな違う」という当たり前のことを知っておく必要があります。生き方を決める価値観、宗教観、死生観、家族に対する思い、どれもその人にとってかけがえのないものです。自分と違うからといって否定的に捉えたり、自身の価値観と合わない利用者に苦手意識をもっていては、真の援助者にはなれません。多様な価値観を受け入れることができなければ、この仕事はやっていけないといっても過言ではないと思います。この自分以外の人の思考過程を受け入れる訓練として本を読むことがとても適していると思います。

　ケアマネジャーが利用者を支援するために必要な道具は私たち自身です。プロの料理人は包丁を研ぎ、プロのスポーツ選手は体を鍛えます。私たちは私たちの思考過程、価値判断の基準が偏ったものになっていないか自己チェックをし、それを背景として発する言葉や態度について、その援助場面で適切であったのか検証し続けることが求められます。

事例検討会に参加する

　事例検討会とは、実践者（ここではケアマネジャー）たちが、自分の事例を持ち寄り、支援方針や支援内容を検討する勉強会のことをいいます。事例提供者がうまくいっていないと感じる事例、支援が困難だと感じる事例の基本情報や支援経過をまとめ、発表し、明日からの支援をどのようにしていけばよいか、皆で検討していきます。自分以外のケアマネジャーの実践を知ることは、それだけでとても参考になり、勉強になるものです。さらに支援の根拠を皆で考え、言語化していくことで、自分の実践力を養うことにもつながります。

　所属する事業所の上司や先輩と実践することで適切なアドバイスを受けられるでしょうし、地域の同じくらいの経験年数のケアマネジャーと集まって検討会を

図表2-8 事例検討会の一つの手法

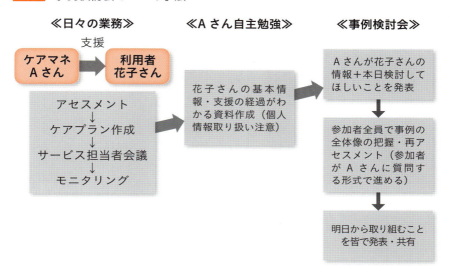

することもお勧めします。気をつけたいのは、最初から経験年数の少ないケアマネジャーだけで開催しないことです。事例検討は一定の方法があり、それに沿って行うものです。事例提供者が一方的に責められて傷つくような会にしてはいけません。また利用者の個人情報が漏れないよう最大限の注意が必要です。きちんと事例検討の方法を学んだ先輩に指導を受けながら勉強してください。こうした事例検討会を続けることで、困った時の相談相手となる、本当に信頼できる仲間づくりにもつながります。ケアマネジャーには仲間と一緒に学び続ける姿勢が大事です。

スーパービジョンを受ける

　前述した通り、私たちは自身の思考過程、価値の判断基準が偏ったものになっていないか常にチェックをする必要があります。しかし自分の判断基準といわれてもなかなかピンとこないものだと思います。私たちの価値の判断基準を作っているのは、「経験」と「現状」です。「経験」とは、皆さんの歩んできた人生そのものです。特にケアマネジャーは、さまざまな基礎資格の人がいますから、基礎

資格での職歴や専門性にも大きな違いがあります。「現状」とは、今ケアマネジャーとして仕事をしている自身のことや環境のことです。常勤として働いているか、非常勤なのか、担当している件数はどのくらいか、どのような方針の事業所で、どんな上司や先輩がいて、どのようにサポートしてもらっているでしょうか。これら多数の事象がさまざまに影響し合って、皆さんの価値の判断基準を作り上げています。

　ただ一人のかけがえのない「あなた」をただ一人のかけがえのない「わたし」が援助をします。同じAさんという人を支援する場合でも担当するケアマネジャーによって利用者とケアマネジャーの関係性も異なり、支援の過程も違うものになることもあるでしょう。今後さまざまな利用者を支援していく中で、他の利用者支援では感じない違和感、虚しさ、揺らぎなどを感じることもあると思います。

　事例検討が、事例そのものに焦点を当て、支援内容を検討していくのに対し、スーパービジョンでは援助者と利用者（クライアント）の関係性に着目します。援助過程を振り返りながら、クライアントはどのような人か、援助者はどのような人か、どのようなかかわりの中で何が起こったのか明らかにしてきます。威圧的に話をする男性利用者に苦手意識が強いのは、子どもの頃父親に厳しく躾けられていた援助者の過去があったり、経験豊富だからこそ相談する相手がおらず、苦しい思いを抱えている援助者がいたりします。

　自身の仕事に向き合う姿勢や倫理観を考察し、今どのような課題に直面しているのかを内省する力を養っていくことが、明日からアセスメントを行う実践力の向上に役立つでしょう。

- さまざまな手法でアセスメント力を磨くことができますが、一番大切なことは、自分自身を磨く姿勢をもち続けることです。

23項目の
アセスメント

3

CONTENTS

- 01 課題分析標準項目
- 02 基本情報―受付、利用者等基本情報
- 03 生活状況
- 04 利用者の被保険者情報
- 05 現在利用しているサービスの状況
- 06 障害高齢者の日常生活自立度／認知症高齢者の日常生活自立度
- 07 主訴
- 08 認定情報
- 09 課題分析（アセスメント）理由
- 10 健康状態
- 11 ADL
- 12 IADL
- 13 認知
- 14 コミュニケーション能力
- 15 社会との関わり
- 16 排尿・排便
- 17 褥瘡・皮膚の問題
- 18 口腔衛生
- 19 食事摂取
- 20 行動障害（問題行動）
- 21 介護力
- 22 居住環境
- 23 特別な状況

01 課題分析標準項目

POINT
情報収集の基礎を作るために、
課題分析標準項目の内容を確認しましょう。
利用者を全体的に見る視点がポイントです。

課題分析標準項目

「課題分析標準項目」は、「基本情報」に関する9つの項目と、「課題分析(アセスメント)」に関する14の項目の、合わせて23項目で構成されており、利用者の情報を全体的に確認して、課題を客観的に抽出することを目的としています。

図表3-1 課題分析標準項目

基本情報に関する9項目

No.	標準項目名	項目の主な内容(例)
1	基本情報 (受付、利用者等基本情報)	居宅サービス計画作成についての利用者受付情報(受付日時、受付対応者、受付方法等)、利用者の基本情報(氏名、性別、生年月日・住所・電話番号等の連絡先)、利用者以外の家族等の基本情報について記載する項目
2	生活状況	利用者の現在の生活状況、生活歴等について記載する項目
3	利用者の被保険者情報	利用者の被保険者情報(介護保険、医療保険、生活保護、身体障害者手帳の有無等)について記載する項目
4	現在利用している サービスの状況	介護保険給付の内外を問わず、利用者が現在受けているサービスの状況について記載する項目
5	障害高齢者の 日常生活自立度	障害高齢者の日常生活自立度について記載する項目
6	認知症高齢者の 日常生活自立度	認知症高齢者の日常生活自立度について記載する項目
7	主訴	利用者及びその家族の主訴や要望について記載する項目
8	認定情報	利用者の認定結果(要介護状態区分、審査会の意見、支給限度額等)について記載する項目
9	課題分析(アセスメント) 理由	当該課題分析(アセスメント)の理由(初回、定期、退院退所時等)について記載する項目

01 課題分析標準項目

課題分析（アセスメント）に関する14項目

No.	標準項目名	項目の主な内容（例）
10	健康状態	利用者の健康状態（既往歴、主傷病、症状、痛み等）について記載する項目
11	ADL	ADL（寝返り、起きあがり、移乗、歩行、着衣、入浴、排泄等）に関する項目
12	IADL	IADL（調理、掃除、買物、金銭管理、服薬状況等）に関する項目
13	認知	日常の意思決定を行うための認知能力の程度に関する項目
14	コミュニケーション能力	意思の伝達、視力、聴力等のコミュニケーションに関する項目
15	社会との関わり	社会との関わり（社会的活動への参加意欲、社会との関わりの変化、喪失感や孤独感等）に関する項目
16	排尿・排便	失禁の状況、排尿排泄後の後始末、コントロール方法、頻度などに関する項目
17	褥瘡・皮膚の問題	褥瘡の程度、皮膚の清潔状況等に関する項目
18	口腔衛生	歯・口腔内の状態や口腔衛生に関する項目
19	食事摂取	食事摂取（栄養、食事回数、水分量等）に関する項目
20	行動障害（問題行動）＊	問題行動（暴言暴行、徘徊、介護の抵抗、収集癖、火の不始末、不潔行為、異食行動等）に関する項目
21	介護力	利用者の介護力（介護者の有無、介護者の介護意思、介護負担、主な介護者に関する情報等）に関する項目
22	居住環境	住宅改修の必要性、危険個所等の現在の居住環境について記載する項目
23	特別な状況	特別な状況（虐待、ターミナルケア等）に関する項目

＊課題分析標準項目では「問題行動」という項目ですが、本書では「行動障害（問題行動）」とします。

「課題分析標準項目」は、「介護サービス計画書の様式及び、課題分析標準項目の提示について」（平成11年11月12日老企第29号）において、「基本情報に関する項目」「課題分析（アセスメント）に関する項目」として提示されました。介護支援専門員が、個々に主観的な視点でアセスメントを行うことなく、専門職として共有した視点で、ケース全体を客観的に見て、課題を抽出できるようにするためのもので、どのアセスメントツールを用いる場合であっても、この「課題分析標準項目」の23項目の内容が備わっていることが求められています。

利用者が抱える問題は、さまざまな要因が複雑に絡み合っています。そのため、各項目ごとの情報の確認と、その項目と他の項目との関連性を考えて全体を見ながら問題発生の要因となる部分を探っていきます。

例えば、ADLに関する情報で「起き上がり」を確認する時に、「自立・一部介助・全介助」と能力を確認しますが、その情報だけでは様子がわかりません。起

き上がる行為には「起きて何かをする」目的があります。起き上がる方法も、「居住環境」や「介護力」の情報を見て、「布団に寝ており周囲につかまる物が無く起き上がれない」「側に声をかける介護者がいない」といった情報を合わせて、起き上がる状況をよりわかりやすくします。さらに、起き上がりが全介助、一部介助の場合、介護者の年齢、性別、腰痛の有無等の情報の把握も重要です。この点を確認しておかないと介護者の負担への気づきができない状況になってしまいます。

　これらの項目は、ケアマネジャーが客観的に見て判断をするのではなく、利用者や家族にも、その項目の内容について確認をしていきます。

各項目の情報をより深くするために

「課題分析標準項目」は各項目の情報と関連性を見て利用者の全体的な状況を確認します。しかし、各項目では状況の確認はできますが、行動を起こす本人の意思や意欲を確認できるようにはなっていません。その確認を課題分析者であるケアマネジャーがアセスメントの中で行っていくことが大事なのです。

　例えば、「歩行がふらつく」というADLだけの情報を見て状態を判断して「歩けるようになりたい」というニーズを出したとして、そこに、歩いてどこへ行くという動機や意欲が無いのでは目標がぼやけてしまいます。しかし、住居環境、動作能力、本人の意思や意欲（その動作ができるようになりたい理由として家族に迷惑をかけたくない気持ちがある等）、歩く目的がわかれば「自分で歩いてトイレに行けるようになる」という、明確なニーズとして、取り組む課題やケアプランの目標となるのです。

　意思や意欲は、生じている課題を解決する時に、行動変容を起こす最も大事な情報の一つです。「課題分析標準項目」では、項目ごとに求められている情報の確認だけでなく、本人の意思や意欲、他にも重要な情報が無いかを各項目の情報と照らし合わせながら考えて、作成するようにしていきましょう。そうすることで、より全体の状態がわかりやすく、必要な情報は何かという意識がアセスメントの中に生まれてきます。

　この「課題分析標準項目」の各項目内容と関連性を考えていくことで、より根拠のあるケアプランが作成できるようになっていくのです。

> **まとめ**
> - 「課題分析標準項目」は、利用者を全体に見ていく情報として、生活や身体の動作、環境など、すべてが一連としてつながっています。
> - 関連性を考えるために、まずは各項目の内容を覚えることが大切です。
> - アセスメントでは各項目が何を確認するものなのかを意識して、利用者と一緒に確認をしていきましょう。

アセスメントを行う時の会話　COLUMN

　新人のうちは、面接で質問項目を漏れなく、忘れずに聴くことに集中してしまい、事業所に戻って確認すると、たくさん聞いたはずなのに情報が断片的になっていてつながらないということがあるかもしれません。

　アセスメントは利用者を理解していくことですから、歩行や入浴の動作確認も重要な情報ですが、大切なことは、慌てて急いで聞かずに、落ち着いた雰囲気で、相手と会話をしながら聞いていくようにしましょう。会話は互いを理解する手段です。利用者も私たちを理解しようとしています。相互に理解を深めることを意識しましょう。

　また、利用者の抱えている問題が大きいと、問題の方に関心をもってしまい全体の様子が見渡せなくなってしまいます。問題にかかわる情報ばかりを聞き出そうとして、話が偏ってしまうと客観的な情報ではなくなってしまうので要注意です。

　利用者が抱える問題は一つの要因から発生しているのではないということを常に意識して、全体的に捉えるアセスメントに取り組んでいきましょう。

02 | 基本情報
―受付、利用者等基本情報

POINT
基本的な情報だけに、間違いが無いように
しっかり確認します。

正確に聞き取る

　基本情報は、利用者や家族が相談に来た時に最初に確認します。基本的な情報なので、面談の中で確認できますが、介護保険証など確かな情報が記載されているもので、正確に情報の確認を行います。

　基本情報は、「相談受付時の利用者等の基本情報」として「受付日時、受付対応者、受付方法等」、利用者の基本情報（氏名、性別、生年月日、住所・電話番号等の連絡先）、家族等の基本情報について記載する項目となっています。
「受付日時」には最初の相談日を記載します。この時に着目することは相談に来るまでの期間です。特に相談に来るまでに時間が経っている人は、その空白期間の様子を確認しましょう。入院をして病院関係者に勧められたが、しばらくしてようやく相談に来られた人や、相談者（家族）も高齢のためすぐに来訪するのが難しかった等、介護者の介護能力や置かれている環境も伺えます。

　また面談では、相談者にわかりやすい言葉を使い、相談内容や確認する情報に不明瞭な点があれば、曖昧にせずに確認していきましょう。
「受付方法」は来所か電話かなど相談の方法種別を記載します。来所をされた人は、自家用車か公共機関等、何らかの方法で移動できる人なので、今後の受診や関係機関に相談に行く時などの情報として役立ちます。

02 基本情報

3 23項目のアセスメント

丁寧な配慮を

　相談者は最初の面談で緊張をしていますので、いきなり情報を聞き出そうとせずに、情報を確認する目的をわかりやすく説明をして、了解を得てからアセスメントを行っていくなど、丁寧な対応が重要です。また、聞き取る内容が項目に従った基本情報であっても、傾聴の姿勢で聴くことを心がけましょう。

　なお、ここでは、相談に至った経緯も明確にしておく必要がありますので、丁寧に聞き取りましょう。

先輩からのアドバイス

　困りごとを相談される利用者は、まず、その困りごとの訴えから話し始めることが多いので、確認事項があっても、こちらのペースで急いで行おうとせずに、しっかりと話に耳を傾けましょう。その後、落ち着いてから情報の確認を行います。利用者との信頼関係の構築は出会った時から始まっているのです。

03 | 生活状況

> **POINT**
> 生活状況を知ることは、
> その人の普段の様子だけでなく
> 今までの暮らしも知るということです。

　利用者の現在の生活状況や生活歴（生活史）に関する情報は、利用者が今の暮らしに至る軌跡や、利用者の人となりを把握するための情報であり、アセスメント項目の中でも最も重要な情報の一つといえます。

現在の生活状況

　生活状況の1日の「様子」では、時間で割り切れる情報として、起床や就寝時間、食事や入浴時間等を確認します。日々の営みの時間は、利用者やその世帯によって、全く異なります。普段、どのように過ごしているのかを知ることは、サービス利用後の効果を測っていく目安の一つともなります。

　ここでは、単に時間を聞くだけでなく、他の情報との関連も考えて確認していきましょう。例えば、「21 介護力」で「日中独居」であれば、何時から何時までが独居の時間となるのかを明確にして、支援の必要な時間を数値化していきます。

　一方「過ごし方」は、生活の中で時間で割り切れない部分を記載します。例えば、「午前はテレビを観てゴロゴロしている」とか「午後は友人宅に出かけている」などの様子です。そこからその人の個性や、人との付き合い方、普段の様子が見えてきます。また、毎日行っていることや以前から続けていることも聞くことで、より利用者の理解が深まります。

生活歴（生活史）

　生活歴とは、今まで歩んできた長い人生における体験や出来事です。生活の中で物事を判断して決める時には、これまでの体験や受けてきた教育、価値観、人生観が影響します。生活歴や仕事歴、人間関係、ライフイベント（結婚や出産など）の体験も価値観・人生観に影響を与えますので、生活歴を知ることは、その人の自己決定のプロセスや、困難な事象に直面した時の解決力、エンパワメントの理解にもつながってきます。

　しかし、生活歴を聞くことは、いわばその人の人生そのものに触れることですので、専門職として傾聴と共感を心がけて真摯な姿勢で聴くことが大切です。時には戦争体験のようなつらくて話したくない出来事もありますので、無理に話を聞き出さず、自然な会話の中で聞いていくことが大切です。

図表3-2 生活歴の記載例

> **悪い例**：人柄が見えない書き方。
> 「K県Y市出身。自動車工場で働き60歳で定年。63歳の時に大腸癌が発症、相談にみえる」
>
> **良い例**：幼少期から現在までの主な出来事が見える書き方。
> 「出身はK県Y市生まれ。家具職人の家に3人兄弟の次男として生まれる。家が貧しく中卒で上京、自動車工場で働き始め30歳で結婚、独立し自動車部品を扱う会社を設立。同僚や部下を大事にして、休日は社員で野球をやっていた……」

> - ライフイベントとは、生活上のさまざまな出来事で、特に、入学・就職・結婚・出産など、その人の人生に影響のあった出来事のことです。
> - それらが今の暮らしやその人の価値観を形成していることが多くあります。

まとめ

04 利用者の被保険者情報

POINT
各種制度について、利用者がどの制度を利用しているか、制度の内容も調べておきましょう。

各種制度の確認

利用者の被保険者情報（介護保険、医療保険、生活保護、身体障害者手帳の有無等）では、情報を正確に確認していき、合わせて、利用者や家族が制度の内容を把握しているか、制度にかかわる情報をどこで確認しているか、また各種制度の書式や証書などの重要書類の管理の仕方についても確認しておきましょう。

介護保険情報は被保険者番号や要介護度などの情報を、介護保険証で確認しましょう。

医療保険は職業や年齢によって「社会保険」か「国民健康保険」に加入しており、75歳になると、「後期高齢者医療制度」に移行します（寝たきりで障害認定を受けた65～74歳も対象）。利用者がどの医療保険に加入しているかは本人や家族と一緒に保険証を見て確認します。また、「高額療養費」など、利用者が給付の対象となる制度の有無も確認しておきます。基本的に、手続きは利用者や家族が行いますが、ケアマネジャーが他制度の活用方法を知らないために利用者が不利益を被ることがないように的確に支援を行うことが大切です。

生活保護受給者の留意点

生活保護を受給している利用者の場合は、担当ケースワーカーとの連携は必須です。同様に身体障害者手帳を所持している方も、障害の担当者の有無等を確認

しておきます。使える制度がないかも確認しましょう。また生活保護も身体障害者手帳の交付も申請主義です。申請をしようと思ったきっかけや出来事があれば聞いてみましょう。ただし、生活保護を受給している人は、受給を受けることに複雑な心情をもたれている方も少なくありません。面談の中で、それとなく出てくる言葉の中に心情が表れることがありますので、どのような想いなのか耳を傾けながら、より深くエピソードを確認するべきか判断していきましょう。

図表3-3 介護保険被保険者証

(一)

介護保険被保険者証		
被保険者	番号	
	住所	
	フリガナ	
	氏名	
	生年月日	明治・大正・昭和　年　月　日　性別　男・女
交付年月日		平成　年　月　日
保険者番号並びに保険者の名称及び印		

(二)

要介護状態区分等		
認定年月日（事業対象者の場合は、基本チェックリスト実施日）	平成　年　月　日	
認定の有効期間	平成　年　月　日～　平成　年　月　日	
居宅サービス等	区分支給限度基準額	
	平成　年　月　日～　平成　年　月　日　1月当たり	
（うち種類支給限度基準額）	サービスの種類	種類支給限度基準額
認定審査会の意見及びサービスの種類の指定		

(三)

給付制限	内容	期間
		開始年月日　平成　年　月　日 終了年月日　平成　年　月　日
		開始年月日　平成　年　月　日 終了年月日　平成　年　月　日
		開始年月日　平成　年　月　日 終了年月日　平成　年　月　日
居宅介護支援事業者若しくは介護予防支援事業者及びその事業所の名称又は地域包括支援センターの名称		届出年月日　平成　年　月　日
		届出年月日　平成　年　月　日
		届出年月日　平成　年　月　日
介護保険施設等	種類	入所等年月日　平成　年　月　日
	名称	退所等年月日　平成　年　月　日
	種類	入所等年月日　平成　年　月　日
	名称	退所等年月日　平成　年　月　日

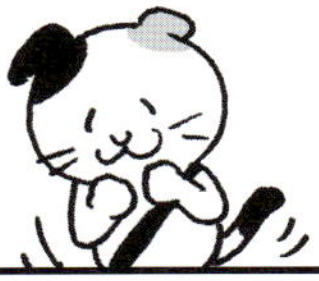

先輩からのアドバイス

各種制度は、一般向けに書かれたリーフレットが各市町村の庁舎窓口に置かれていますので、利用者や家族と一緒に制度内容を確認する時に活用してみましょう。不案内な制度でも、一緒にかかわることでその制度の理解や、あるいは利用できる範囲やできないことなどが見えてきます。

05 | 現在利用している サービスの状況

> **POINT**
> サービス内容の確認では、
> 利用回数・利用日時などの他に
> 利用者の周囲の社会資源を把握しましょう。

現在利用しているサービスの状況

　今まで利用していたサービスを確認して、利用者の周囲の社会資源を把握しましょう。フォーマルサービスには医療保険や、市町村の高齢者事業などの行政サービス、障害者制度等の利用が考えられます。インフォーマルサービスには地域のボランティアが実施している配食サービスなどが該当します。

　それぞれのサービスの利用回数や利用日時（曜日、時間）などを確認するだけでなく、いつから利用を始めたのか、利用をするようになったきっかけ、生活のどのようなところに支援を必要として利用したのか、その時の事情なども確認しておくと、生活の中で本人ができずに困っていたことが見えてきます。

　インフォーマルサービスでは、サービスを提供する人も地域の人なので、地域とのお付き合いや、今までの生活の中での行動範囲なども見えてきます。また、本人との関係性がよければ、普段の生活の話し相手や、心配事を相談できる相手として、心の拠り所となる存在かもしれません。

サービスをリスト化

　ケアマネジャーは、その地域の社会資源を調べてリスト化し、使えそうなサービスに目星をつけておくことも重要です（図表3-4）。

　地域の中にある社会資源は、現在利用をしていなくても本人の生活ニーズに結

05 現在利用しているサービスの状況

図表3-4　地域で使えるサービス一覧例

フォーマルサービス（公的サービス）
訪問理美容／主治医の往診など 他に、かかりつけ薬局／地域包括支援センター／行政の担当地区CW／社会福祉協議会／非営利団体（NPO）などの制度に基づくサービスなど
インフォーマルサービス（非公的サービス）
見守り支援／安否確認／配食サービス／ゴミ出し支援／外出の付添い・話し相手／宅老所（1泊2日などで高齢者の預かりを受ける制度外サービス）／サロン／食事会（高齢者や地域の人が集まってお茶を飲んだり食事をしたりする場所）

びつくものが発見できるかもしれません。リーフレットや機関紙を見て活動を確認し、「活用できるサービスの引き出し」を増やしておきましょう。なお、介護保険制度は他のフォーマルサービスや制度よりも優位にあります。

　この原則を押さえておかないと、介護保険のサービスの導入に伴う、他のサービスの給付の中断なども起こりえますので注意しておきましょう。

- フォーマルサービス、インフォーマルサービスとも、それぞれ、長所や短所があります。
- 利用しているサービスがどの範囲までサービスを提供しているのかを確認しておきましょう。

06 障害高齢者の日常生活自立度／認知症高齢者の日常生活自立度

POINT
自立度の判定基準を参考に
生活の様子や行動を把握しましょう。

判定された基準から生活の様子を伺う

❶障害高齢者の日常生活自立度（寝たきり）判定基準

「障害高齢者の日常生活自立度（寝たきり）判定基準」（図表3-5）は、日常生活自立度を「移動」の状態や行動範囲、外出頻度、離床時間や食事、排泄行為などから客観的に判定して、「J・A・B・C」の4ランクの基準に分類します（さらに各基準を2段階に分けて合計で8段階にしています）。

判定された基準は自立度が［高い・低い］という点に着目するのではなく、現在の段階がどの位置にいて、そこから状態を改善または維持していくことを考える目安とします。

この判定には、行動範囲の広さや外出回数などが反映されています。参加する場所や目的、公共機関等の環境によっても変わるので、行動範囲による判定は客観的な評価として参照したほうがよいでしょう。

しかし、外出の目的は、参加意欲や動機など、利用者のポジティブな面が表れるので、具体的な場所や活動内容を本人や家族から聞くことも必要です。友人たちと会って会食や趣味活動をしていて、楽しく充実感を感じていたり、あるいは地域の役員の仕事など、その活動を行うことで自分の役割を果たしていることがQOLの向上やモチベーションアップにつながっていきます。

図表3-5 障害高齢者の日常生活自立度判定基準

生活自立	ランクJ	何らかの障害等を有するが、日常生活はほぼ自立しており独力で外出する。 (1) 交通機関等を利用して外出する。 (2) 隣近所へなら外出する。
準寝たきり	ランクA	屋内での生活はおおむね自立しているが、介助なしには外出しない。 (1) 介助により外出し、日中はほとんどベッドから離れて生活する。 (2) 外出の頻度が少なく、日中も寝たり起きたりの生活をしている。
寝たきり	ランクB	屋内での生活は何らかの介助を要し、日中もベッド上での生活が主体であるが座位を保つ。 (1) 車いすに移乗し、食事、排泄はベッドから離れて行う。 (2) 介助により車いすに移乗する。
	ランクC	1日中ベッド上で過ごし、排泄、食事、着替において介助を要する。 (1) 自力で寝返りをうつ。 (2) 自力では寝返りもうたない。

❷認知症高齢者の日常生活自立度判定基準

「認知症高齢者の日常生活自立度判定基準」(図表3-6)の判断基準は、認知症のある方が、日常生活を送る上で支障となっている認知症状や行動を、屋外と屋内といった環境(場所)、昼間と夜間という異なる時間帯や場所での様子から判断し「Ⅰ, Ⅱa, Ⅱb, Ⅲa, Ⅲb, Ⅳ, M」の9段階で判定します。

この判定は、生活環境や介護者の有無などの状況によって変わってきます。判定されたランクだけで本人の状態像や能力を決めつけたり、認知症による問題が大きいと早合点せずに、本人の人となりや生活の中で行っていること、もっている能力など、全体の様子をアセスメントする基本を忘れないことが大切です。

判断基準には昼夜による違いもあります。認知症状は24時間の生活で見ていくことが大切なので、判断された基準の留意事項を確認して、介護が必要な時間帯を細かくアセスメントしていきます。

情報の更新も大切

障害高齢者や、認知症高齢者の日常生活自立度については、認定更新時など新たな認定が降りた時には、情報を確認、更新していきましょう。再アセスメントを行う時に、前回の自立度の判定をリセットして、常にその時の情報を確認してアセスメントをしていくことが大切です。

図表3-6 認知症高齢者の日常生活自立度

ランク	判断基準	見られる症状・行動の例
Ⅰ	何らかの認知症を有するが、日常生活は家庭内及び社会的にほぼ自立している	
Ⅱ	日常生活に支障を来たすような症状・行動や意思疎通の困難さが多少見られても、誰かが注意していれば自立できる	
Ⅱa	家庭外で上記Ⅱの状態が見られる	たびたび道に迷うとか、買物や事務、金銭管理などそれまでできたことにミスが目立つ など
Ⅱb	家庭内でも上記Ⅱの状態が見られる	服薬管理ができない、電話の応対や訪問者との対応など一人で留守番ができない など
Ⅲ	日常生活に支障を来たすような症状・行動や意思疎通の困難さが見られ、介護を必要とする	
Ⅲa	日中を中心として上記Ⅲの状態が見られる	着替え、食事、排便、排尿が上手にできない、時間がかかる。やたらに物を口に入れる、物を拾い集める、徘徊、失禁、大声・奇声をあげる、火の不始末、不潔行為、性的異常行為 など
Ⅲb	夜間を中心として上記Ⅲの状態が見られる	ランクⅢaに同じ
Ⅳ	日常生活に支障を来たすような症状・行動や意思疎通の困難さが頻繁に見られ、常に介護を必要とする	ランクⅢに同じ
M	著しい精神症状や問題行動あるいは重篤な身体疾患が見られ、専門医療を必要とする	せん妄、妄想、興奮、自傷・他害等の精神症状や精神症状に起因する問題行動が継続する状態 など

まとめ

・判定基準だけを見て、その人をカテゴリーにあてはめて判断してはいけません。
・利用者が置かれている状態を考えていく判断の一つの基準として捉えていきましょう。

経済状況の確認

COLUMN 3

　生活を営んでいくには「経済状況」の確認も必要です。しかし、経済状況については確認が苦手というケアマネジャーが多くいます。
「立ち入ったことなので聞けない」という意識が働いて躊躇してしまったり、本人や家族から「なぜ、そんなことを聞くの?」と不信感をもたれることで信頼関係に影響が出ることを心配してしまうようです。

　しかし、利用者の支援を行う上では経済状況の確認は必要不可欠です。コストマネジメントを行うケアマネジャーとしては、サービス利用が世帯の生計に大きな負担となってしまったり、経済的な負担が理由でサービスを利用しないといった結果になってしまうと本末転倒な結果となります。

　経済状況の確認が苦手な人は、聞くタイミングや、確認するためのセリフを決めておくとよいかもしれません。

　どのタイミングで聞くかはケースの緊急性などもあるので、すべて一律にはできませんが、なるべく最初の段階でケアマネジャーの役割を説明する時に、「……生活全体のことを聞かせていただく際に、経済状況や家族関係、病気のことなど、立ち入ったこともお尋ねいたします。それは、困りごとの手立てを考えていく時に、ご提案するサービスの利用が経済的な負担とならないかを勘案していくからです」などと、確認する理由を明確に説明します。後になって、「すいません、実は……」と何か後ろめたいことを聞くかのような姿勢で確認をすると誤解や不信感が生じかねませんので、注意しましょう。

07 | 主訴

> **POINT**
> 主訴の確認では、困りごとを聞くだけでなく、
> 相手が話したい想いに耳を傾けます。

主訴を言語化して確認

　面談の中で利用者や家族が話される主要となる訴えは、「望む暮らし」や「生活の困りごと」といった想いから生じているので、丁寧に耳を傾けて傾聴します。

　主訴の確認は最も大事なことの一つで、利用者や家族と主訴の認識にズレが生じれば、支援の方向性や問題の理解にもズレが生じてしまいます。

　そのズレが起きないように、主訴を「言語化」して確認をします。利用者や家族が話した情報から「困りごとや要望」が何かを考えて、それらを「（主訴について）〜についてお困りなことは〇〇が原因なのですね」と利用者の言葉を拾って主訴の確認をします。主訴には感情的な発言も多いので、面接技術を用いて、相互の会話により少しずつ顕在化させていきます。

　例えば、利用者が明言をしていなくても、話の中で問題だと思ったことがあれば「お話を聞かせていただき、このようなこともお困りではないかと感じましたが、いかがでしょうか?」と聞いて、利用者と一緒に問題の顕在化を行っていきます。

　この会話を通じて交流を図りながら、丁寧に言語化をして確認する作業を行うことは「利用者本位」の基本でもあり、相談者と支援者の相互理解が行われることで、利用者の心情に寄り添った、ズレの無い主訴が出てくるともいえます。

利用者本位

利用者は、認知症や病気の後遺症でコミュニケーションに障害があるなどの理由で、自身で主訴を語れない方もいます。このような時は、面談を進める時に丁寧な会話と、話の中心には本人がいることを意識していただきながら、事情を話せる家族等と一緒に面談を進めて、本人へ語りかけや非言語的なコミュニケーションで相手への理解を示します。その時の表情や仕草などからも主訴となるヒントを探っていきます。また、相手も頷きなどの非言語的コミュニケーションで回答ができるように、話の要点や確認したいことをわかりやすく伝えて、「はい」「いいえ」で答えられるように質問の仕方を工夫して主訴を確認します。

図表3-7 主訴の記載例

悪い例：「家事ができないので手伝ってほしい」
　　　　　本人の言ったことを聞いて、そのまま記載しているのみで利用者本位とはいえません。

良い例：「以前のように孫の好物のカレーを作ってあげたい」
　　　　　傾聴により本人の心情や想いが書かれています。

先輩からのアドバイス

利用者の話の中で主訴が不鮮明な時は、利用者や家族が今までどのような生活を送ってきて、今の生活の中でどのような問題が起きているのか、問題が起きる前の生活はどのように過ごしていたのか、問題が起きた後は生活がどのように変わったのかを、会話の中で聞いていきましょう。そして、問題が起きた今の生活をどのように思っているかも聞きながら、最後に「言語化」をして、主訴に少しずつ近づけていきます。

また、主訴は時間の経過に応じて変化していくことも視野に入れて、面接のたびに、その時の主訴をしっかりと抑えられるようにしましょう。

08 認定情報

> **POINT**
> 認定情報の間違いが無いように十分注意し、
> 認定された介護度を本人や家族が、
> どのように捉えているかも確認しましょう。

認定結果の確認

　要介護認定は日常生活の中で介護を必要とする状態の「要介護認定」と、日常生活に見守りや支援を必要とする状態の「要支援認定」の2種類が規定されています。認定情報は、利用者からの「要介護1だったよ」といった伝言だけではなく、介護保険証でしっかりと確認しましょう。特に最近は「負担割合証」の負担率の確認も重要です。

　認定結果は、ケアプランの給付上限や利用できるサービス種別への影響が出てくるので結果が重要なのはもちろんですが、介護度を判断した認定調査の情報（認定調査票）や主治医意見書も必ず確認して、認定調査の項目で該当する内容を、自分のアセスメントと比較して確認していきましょう。また、更新の時は、前回の認定調査時の項目と比較してみましょう。よくなっている項目は、例えば、リハビリに取り組んだ成果の表れかもしれませんので、モニタリングの評価へも反映していきます。

　認定期間が3年までと長期になっているので、本人の状況が変わった時の対応も説明しておきましょう。

結果の意味も考える

　認定結果は、利用者や家族にとって大きな意味があります。認定結果が出た後

08 認定情報

3 23項目のアセスメント

に、「どのようなサービスが、どれくらい利用できるのだろうか」「この介護度はよかったのか、悪かったのか」「自分たちの介護負担や生活の問題の大変さが伝わったのか」などといった心配も尽きません。介護度の判断に利用者・家族のいろいろな想いが交錯しますので、その認定結果を、本人や家族がどのように感じたのかは率直に聞いてみましょう。

長くサービスを利用しても認定結果が改善しないと、モチベーションが低くなりがちですが、状態が維持されていることは、本人の努力や家族の協力による成果です。本人の取り組みを承認するように積極的に伝えていきましょう。

・認定結果をどのように受け止めているか、その気持ちも会話の中から汲み取っていくようにしましょう。

09 課題分析(アセスメント)理由

POINT
今回の課題分析(アセスメント)を行う理由を記載する項目です。

理由の明確化

　今回行うアセスメントの理由について、「初回ケアプラン作成のため」「要支援から要介護となったため」「入院で状態像が大きく変化し、退院後のケアプランを作成するため」など、具体的な内容を記載します。

　当然ですが、何のために今回のアセスメントを行うのか、ケアマネジャー自身の中で明確になっていることが前提です。その理由を、話を伺う本人や家族、関係者に説明し、十分に理解してもらってからアセスメントに入ります。アセスメントの内容は、経済的なことから排泄に至るまで非常にプライベートな部分に踏み込むことになります。本人、家族が、何のために、いろいろなことをケアマネジャーに聞かれるのか納得できなければ、ケアマネジャーが課題分析に必要と考える情報を話してもらえないでしょうし、逆に不信感を抱かれてしまい、その後の信頼関係構築にも悪影響を与えてしまうかもしれません。

アセスメント理由で集める情報を選定

　また、アセスメントの理由を明確にすることで、集める情報の内容も変わってくることを意識します。

　初回アセスメントか、再アセスメントかで、集める情報量はかなり違いますし、同じ初回のアセスメントでも、自宅で行う場合と病院で行う場合では、聞く内容

や方法が変わってきます。自宅の場合であれば、現在の状況を本人・家族に確認することになりますが、病院の場合は、入院に至る経緯（どのような病気・症状で入院したのか）、治療の経過、退院の見込み、入院中の生活状況など多岐に渡ります。話を聞く相手も、本人・家族の他、医師、病棟の看護師、退院支援のソーシャルワーカーなども含まれてきます。この場合、アセスメントは居宅で実施することが指定居宅介護支援等の事業の人員及び運営に関する基準（厚生省令第38号）の規定となっていますので、退院後自宅に戻った後で、自宅の状況もアセスメントを行うことが必須となります。

一人暮らしの認知症の方であれば、民生委員、お隣の方、自治会の人など、情報の入手先としてインフォーマルサービスの担い手になる人々も視野にいれておく必要があります。

図表3-8 アセスメントの理由の記載例

```
悪い例：「初回」
　　　　「再アセスメント」

良い例：「初回ケアプラン作成のため」
　　　　再アセスメントの場合は、何回目のアセスメントかも記載した上で
　　　　「短期目標が達成したため」
　　　　「入院し、状態像が変化してケアプランの変更が必要となったため」
　　　　「介護者の状況が変化し、ケアプランの変更が必要となったため」
　　　　など、具体的に記載するようにしましょう。
```

- アセスメントを行う理由を明確にしておきましょう。
- アセスメントを行う理由によって、必要な情報や入手方法も変わってきます。

10 健康状態

POINT
どのような疾患や障害、症状があり、それによって
利用者の生活にどのような困りごとが
生じているかという視点で確認します。

現病歴（主傷病）・既往歴

　利用者の現病歴について、過去（既往歴）から現在にかけての内容を聞き取り、記載します。診断、受傷年月についても確認しましょう。

　過去にかかった病気の名前など、利用者・家族が正確に覚えていない場合もあるので、主治医意見書等で正確な疾患名を確認します。また、例えば脳梗塞と主治医意見書に記載されていても、本人はその重要性に気づいていないこともあります。この場合、再発を防止することが重要になりますので、訪問看護師や居宅療養管理指導等の導入の検討も視野に入れ、情報を収集していきます。

　アレルギーや手術歴の有無も同時に聞くようにするとよいでしょう。

　要介護状態等の高齢者は、何らかの疾患を抱えていることがほとんどです。利用者の生活に大きな影響を与える疾患、障害について把握をすることは、ケアマネジャーとして非常に重要です。しかし、病気の特性や障害の程度を理解するだけでは利用者支援は行えません。利用者の生活の困りごとは、さまざまな要素（病状、治療の状況、生活習慣、介護者の状況、病気に対する知識・理解など）が複雑に絡み合って生じていることがほとんどだからです。

症状

　痛み、痺れ、むくみ、めまい、息苦しさなどについて記載します。高齢者に

とって病気の症状は、生活上の困りごとに直結する情報です。「痛みがあるから歩けない」「めまいがするので外出するのが怖い」「息が苦しいのでお風呂に入れない」など日常生活動作に制限が生じます。同じ病名、障害であっても、その進行具合や個人の感じ方によっても症状は、変わってきます。また、こういった症状は、他者からはわかりづらいものです。一般的に「この病気だとこの症状」ということではなく、その人にとっての事実を受け止め、生活上の困りごとの原因を個別に理解するようにしましょう。

麻痺、拘縮については、リハビリサービスの導入を検討していく際の情報となります。どの部位に、どの程度の麻痺、拘縮があるか、記載しましょう。

その他

その他に確認しておくこととして、まず主治医等に関する内容があります。主治医がいるかどうか、複数の医療機関を受診している場合、どこにどの頻度で通っているのかも確認します。また、受診の方法（家族の付き添いの有無、交通手段はどうしているのかなど）についても確認が必要な情報です。

また、服薬状況については、現在どのような薬を服用しているのか、服薬の管理ができているかについてお薬手帳や処方箋などから把握します。

さらに、特別な医療ケアを受けている場合、医療機器の取り扱いができているか、そのことに負担を感じていないかを聞き取り、故障や停電などの緊急時の対応方法も確認しておきましょう。

- 疾患についてだけでなく、痛みや症状、服薬状況、受診状況など、利用者の健康状態を総合的に捉える視点で情報を収集しましょう。

11 ADL

> **POINT**
> 日常生活動作(寝返り、起き上がり、移乗、歩行、着衣、入浴、排泄等)を
> どのように行っているか確認します。

ADLの把握とは

　日常生活動作(ADL)は、利用者の生活の最も基本となる動作です。多くの利用者が「最期まで自分で歩いてトイレに行きたい」という希望をもっていることからわかるように、ADLの自立は、人の尊厳に大きくかかわる事柄です。「下の世話をしてもらうようになったら生きていても仕方ない」という高齢者の言葉は、「自分のことを自分でする」ことがどれほど生きる意欲につながっているかを表していると思います。単に「今できていない現状」を把握するのではなく、いつ頃からどういった経緯でできなくなってきたのか、本人や家族がどのように対処してきたのか、そして今どのように感じているのか、「できなくなった現状にある背景」にも目を向けるようにします。

　また、ADLの低下は介護者の負担増大に直結します。一部介助、全介助の場合は、頻度、誰がどのように介助を行っているか、それが適切な方法となっているかについても必ず確認しましょう。

❶寝返り

　臥床した状態で体の向きを変えることができるかどうかを確認します。できない場合は、身体的に重度であることが予測されます。誰が、どのように介助をしているのか、床ずれの発生などのリスクについて本人、家族に認識があるか、福祉用具の導入の必要性を把握するようにしましょう。

❷ 移乗

　移乗とは「ベッドから車いす」「車いすからいす」「布団・畳からいす」など、臀部を移動させ、乗り移る動作のことをいいます。

　体を動かして乗り移る動作ですので、動きによっては危険を伴います。移乗時の転倒は最も怖い自宅内での事故です。実際にしている動作を確認し、危険な動きになっていないか、優先的に状況を把握していきます。

❸ 移動

　屋内移動は、家の中で必要な場所（トイレ、お風呂場、居間など）にどのように移動しているかを確認します。

　一人で歩いて移動しているとしたら、実際に歩いてもらい動線を確認します。壁や重い家具など、安定感のあるものに掴まっていれば問題ないですが、ドアノブ、動いてしまう家具などに掴まることが日常になっている人も多いです。「家の中に日常的にあるもの」に掴まるのは当然のことですし、今まで転倒などもなかったことから家族や本人は「大丈夫だろう」と思っているのでしょうが、それがケアマネジャーから見て転倒の危険があると判断した場合は、なぜ危険なのかを説明し、理解してもらう必要があります。

　家族の誰かが見守りや介助をしている場合、それが両者にとって安全なものか、負担感はどうか確認します。すでに、車いすや歩行器などを使っている場合は、操作や使用方法が適切か確認しましょう。

　屋外移動では、家の外をどのように移動しているか確認します。地域で暮らし続けるためには、屋外に出られるかどうかは重要な情報です。危険なく屋外を歩けるか、歩行器や車いすを使用し単独で移動できるのか、介助が必要なのかなどを情報収集し、利用者のQOLの維持、向上を目指すための材料としていきます。

❹ 入浴

　「入浴」を単に汚れた体を洗い流し清潔を保つための行為と考える人もいれば、肩までゆっくり湯船につかって、1日の出来事に思いをはせる癒しの時間という人もいますし、関節などに痛みがあるため温めることで症状緩和につながるリハビリテーションの時間と捉える人などそれぞれだと思います。今、目の前にいる

人にとっての「入浴」とは何なのだろうか、そこからアセスメントを始めてみてはいかがでしょうか。「家でお風呂に入れない＝デイサービスの利用」という思考過程では、利用者の尊厳を守り、自立を支援する専門職であるとはいえません。人前で裸になることに抵抗のある人もいるでしょう。

また、転倒や血圧上昇などの危険を伴うこともあるのが入浴です。その人がお風呂に入ることのリスクも十分に把握します。その上で、どのような動作に介助が必要なのか、福祉用具の検討の必要性はあるか、という基本を押さえながら、その人らしい入浴を支援する方法を利用者、家族と一緒に考えていきましょう。

❺排泄動作

課題分析標準項目には「16 排尿・排便」に関する項目が別立てでありますが、ここでの排泄は、「排泄の動作」をどのように行っているか確認するための項目となっています。ちなみに、「16 排尿・排便」は、排泄のコントロール方法、頻度、後始末、失禁の状況などを把握する項目です。両者は互いに関係性の高い項目ですが、違いがあることに留意しましょう。ここでは、トイレへの移動、便座への着座、下着の上げ下げの動作をどのように行っているかを確認します。

食事についても同様で、この項目で食事をする動作をどのように行っているか確認し、「19 食事摂取」の項目では、栄養や食事回数、水分量などを把握することになっています。

図表3-9 ADLの把握とアセスメント

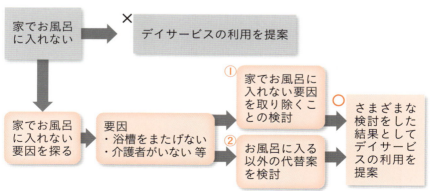

11 ADL

3 23項目のアセスメント

先輩からのアドバイス

単に、利用者の生活動作を「できる」「できない」で捉えるのではなく、「(危ないけれどなんとか) していること」「(できそうなのに) していないこと」という視点で見るようにすると、その後の必要な手立てを考えやすくなります。

同じ動作であっても、1日の中での変化、季節による変化がないかなども確認しましょう。調子のよい時とそうでない時、両方の状況とそれに応じた介助方法を把握しておくことで、サービスを提供する際の事故防止につなげていきます。直接援助をする専門職にとっては非常に重要な情報になります。

一問一答にならないために　COLUMN

新人ケアマネジャーがアセスメントの際、陥りやすいのが一つひとつ個別に質問してそれに答えてもらう面接になってしまうことだと思います。関連性をもってストーリー立てて聞いていく技術を身につけていきましょう。お勧めは1日の活動内容を聞いていくことです。

例えば、寝る時は布団ですか？　ベッドですか？　朝起きる時困ることはないですか？　朝起きたら最初にどこに行きますか？　トイレまではどのように行きますか？　トイレの中のことで困ることはないですか？　寝巻きから洋服に着替える時は時間がかかりますか？　朝ごはんは何時頃どんなものを食べていますか？　むせこんだりしないですか？　歯磨きは毎食後？　午前中はどんなことをして過ごしますか？　お風呂は何時頃入りますか？　危ないと感じることはないですか？　夜は何時に床に着きますか？　夜はよく眠れますか？　など1日の流れで聞いていくのです。

ケアプラン第3表の主な日常生活上の活動時間を把握しながら、生活しているその人をしっかりイメージできるようにしていきましょう。

12 | IADL

> **POINT**
> 手段的日常生活動作（IADL：調理、掃除、買物、金銭管理、服薬状況等）は、より多くの思考、選択が必要で複雑な行為です。

家事

　家事は、各家庭毎にさまざまなこだわりがあるもので、誰が、何を、どのように行うか正解がありません。つまり、それぞれのやり方や利用者の「その人らしさ」が表れる行為といえます。また、それぞれのやり方だけでなく、頻度や何に重きを置くかといった違いもあります。「掃除は必ず毎日行っている」とか、「洗濯は誰かにやってもらいたいけれど、調理だけは自分でやりたい」とか、「生活に困らなければどんなやり方でもよいので家事全般をお願いしたい」など希望も人それぞれです。本人・家族のもつ思い・ストレングス（強さ・知識・技術・能力・自信など）に着目することが大切です。

　これらを踏まえて本人の「していること」「していないこと」を把握し、「していないこと」については、その理由と誰が代行しているか確認します。

❶調理

　家事をしている人が、認知症を発症した場合、最初にできなくなる行為が調理だといわれています。❶献立を考え、必要な食材をリストアップし準備をする❷切る、焼く、蒸す、揚げるなどの調理方法を考え実施する❸味付けをする❹盛り付けて配膳をする❺食べ終わったら食器を片付ける、といった具合に調理は実に多くの手順を必要とし、その都度思考、選択を繰り返す行為です。この中の一つでも実行できないと調理は行えなくなります。また火や刃物を使うことから危険を伴う行為であり、認知症の方には家族がやらせなくなるということも多いで

しょう。認知症でなくても、足腰が痛むため立っていられない、麻痺のため包丁を握れないということもあるかもしれません。単に「調理はできない」ではなく、「何が原因で調理のどの部分ができないのか」を把握していきます。

家族のために調理をすることがその人の役割であった場合、それができなくなることで、生きる意欲を低下させてしまうこともあるかもしれません。そこから生活の不活発につながったり、家族関係に不和を招いてしまうなど、生活の困りごとの原因になる可能性もあります。

❷掃除

掃除機を扱うことは、高齢者にとっては負担の大きい作業です。❶掃除機を用意する❷コンセントを入れる（最近はコードレスも多いです）❸掃除機をかける❹終了後、片付けるなどの一連の動作が必要です。どの動作が負担になっているか、動作に危険がないか確認します。その他、床拭き、埃払いなど、どのように行っているか確認します。

ゴミ捨ても、重いものをもって屋外移動をしなければならないので、滞りがちな家事の一つです。

一言で掃除と言っても、その言葉の持つ意味は個別性が高いといえます。毎日

することが当たり前の人、呼吸器疾患があるので、常に空気をきれいに保っていたい人、やらなくても死なないと思っている人などさまざまでしょう。ここでもその人にとっての「掃除」を捉える必要があります。

❸洗濯

　洗濯物を干す、取り込むという行為には、前かがみと背をそらす動作が伴うため、腰痛がある人にとっては大変な作業です。また「干場が２階にあるため階段を上がるのが負担」「雑草の生えている庭に干さなければならないので転倒の危険がある」など、環境の確認も必要になります。

　毎回の洗濯物の量、頻度、洗濯機の機能を使えているかについても把握します。女性の場合、下着だけは手洗いすることが習慣になっている人もいます。子どもの頃からそのようにしつけられてきたら、体が不自由になったとしても続けたいと思うのが当たり前です。洗濯物は必ず陽に当てて干すものだという人もいるでしょう。ここにも「その人らしさ」が表れてきます。

❹買物

　買物に行く頻度、内容、移動手段、主な買物場所について確認します。買物に行くことだけでなく、注文して宅配をしてもらう人もいるでしょう。その場合、誰が注文し、受け取りをしているか確認します。

生活上の管理やコミュニケーション、移動の手段

❶電話の使用

　いざという時に自分で助けを求められるかは、一人暮らし、日中独居の利用者を支援する場合は大事な情報になります。普段から電話をかけたり、受けたりしているか、携帯電話やメールが使えるかについても確認します。

❷服薬管理

　薬の内容、時間、量を把握し適切に飲んでいるか、飲み忘れや飲みすぎがない

か、薬カレンダーの使用、家族などの声かけ、介助が行われているか確認します。

自分が何の病気でどんな薬をどうして飲んでいるか、理解できていない高齢者もいます。この薬を飲むと体調が悪くなるからと、自己判断で服薬を中止しているケースもあります。病気に対する理解と合わせて服薬の必要性が十分理解されているかも確認します。

❸金銭管理

手持ちのお金を管理しているか、家計の収支を把握しているか、預貯金の管理をしているか、していない場合、誰がしているかについて確認します。

しかし、自分の経済状況について、他人に話をするのは抵抗があるものです。なぜケアマネジャーとしてこの質問をするのか、相手に十分に説明し、理解してもらってから聞くようにします。ケースによっては十分に信頼関係ができるまで、様子を見てからでもいいでしょう。

認知症高齢者の場合、日常生活支援事業や後見人の制度を活用しているか、地域にどのような金銭管理サポートの制度があるかも確認しておきましょう。

❹交通機関の利用

自立度の高い利用者の場合、電車やバスを使って外出する人は珍しくありません。自家用車を運転する人もいます。

ここは、「15 社会との関わり」とも関連しますが、どんな目的で外出するのかも大切な情報です。通院などの生活に不可欠な外出から、趣味や地域活動への参加、友人との交流など、その人の生きがいや楽しみにつながる外出をどんな手段でどの程度の頻度で行っているか意識的に聞くようにすることで、交通機関を使う安全性を確認するだけでなく、その人らしさを知る機会にもなります。

まとめ

・IADLは「その人のストレングス」や「その人らしい生活」を知るためのヒントがたくさん詰まっているという視点で情報収集しましょう。

13 認知

> **POINT**
> 日常の意思決定を行うための認知能力に関する項目です。疾患名だけを書いていてもダメです。

認知症の有無ではなく、認知能力を見る

　この項目は、ベテランでも「アルツハイマー型認知症」などと疾患名だけを書いているのをよく見かけますが、ここは認知症があるかどうかではなく、日常の意思決定を行うための認知能力について記載する項目です。

　認知能力は大別すると、
❶記憶力（短期記憶、長期記憶、手続き記憶）
❷見当識（時間、場所、周囲の人との関係）
❸理解・判断力（状況の理解、そこに基づく判断ができるか）
があります。

　日常の意思決定とは、ADL、IADLを自分で行うために多くの選択をすることです。人は生活するために実に多くの選択を繰り返しています。その選択を適切に行うために確認能力が必要になってきます。その中のどれか一つでも欠けると生活上の困りごとが生じてきます。

　例えば、軽度の認知症の人で、調理（献立を決める、買い物をする、刻んで煮る、味付けをする、盛り付けをする）の一連の行為はできていても、買い物に行く前に冷蔵庫の中を見て、中身を確認するという行為をしないために、同じものを買ってきてしまう、あるいは冷蔵庫を開けると古いものが入っているとわかっても、それを処分するという選択をしないために、同じ食材が古い物から新しい物までたくさん冷蔵庫に入っている状況が続き、結果、食材を腐らせてしまうと

図表3-10 どこに課題があり困りごとが生じているのか

	記憶力	見当識	理解・判断力
移動	何のために？	いつ、どこに？	歩いて？　自転車？　車？
調理	鶏肉を使った献立は何？	鶏肉はどこに売っている？	鶏肉は売ってないから豚肉に変えようか？
入浴	準備は何をする？	今日は寒い？　暖かい？	長めに入ろうかな？短めにしようかな？
金銭管理	毎月の収入はいくら？	いつ頃入金？	今買おうか？やめようか？
コミュニケーション	何を？	いつ、だれに？	会って？　電話？　手紙？

いったことが起きてしまいます。

　単に「認知症なので調理ができない」ということでなく、どの選択をできないから○○できないというように、詳細なアセスメントが必要になってきます。また、認知症ではない疾患の場合、例えば、高次脳機能障害のように、❶❷は問題ないけれど、状況を理解し、適切な判断ができないことで、周囲との不和や環境に馴染めないことなども生じてくるでしょう。認知症以外の認知能力の障害もきちんと押さえておくとともに、それらの根拠となる専門医の判断（診断）についても確認することが大切です。

背景にある困りごとを捉える

　認知機能の低下は、ありとあらゆる生活場面に大きな影響をもたらします。一つのことを忘れる、理解できないだけでも大きな生活の困りごとになってくるという視点で捉えていきましょう（図表3-10）。

　また、その困りごとから生じる本人、家族の気持ち（不安、戸惑い、腹立ち）に留意することも大切です。

> **まとめ**
> ・認知機能の低下がある場合、❶記憶力❷見当識❸理解・判断力のどこに課題があるのか、個別に把握することを心がけましょう。

14 | コミュニケーション能力

> **POINT**
> どのような手段で、意思疎通ができるか
> あるいはできないかを把握します。

視力、聴力、伝達・理解力

　コミュニケーションとは、辞書によると「互いに考えていることを伝え、理解を得ること、認識を共有すること」と定義されています。

　一方的に伝えるのではなく、「認識を共有する」ということがポイントとなります。そのために、話す、聞く、書く、読む、ジェスチャーなどでメッセージを送る、受け取る、その内容を理解するなどさまざまな能力が必要といわれていますが、ここでは視力、聴力、伝達・理解力に分けて考えていきます。

コミュニケーション能力のアセスメント

　まず視力です。コミュニケーションの相手や文字、絵、空間が見えるかどうかは重要です。高齢者の場合、目のかすみや白内障などにより視力が低下していないか、それを補うための方法（眼鏡、拡大鏡などの使用）はあるか、脳血管疾患の後遺症（半側空間無視など）がないか確認します。

　聴力は、どの程度聴こえるか、補聴器などの使用の有無を確認します。高齢者の場合、聴こえていなくても場の雰囲気などで返事をしてしまうことがあるので注意が必要です。また、最近聴こえが悪い、テレビの音量が大きくなったなどの場合は、耳垢が詰まっている可能性もあるため、耳鼻科の受診を勧めましょう。

　伝達は、認知機能との関連を見ながら、自身の考えを相手に伝えることができ

14 コミュニケーション能力

図表3-11 コミュニケーション能力の記載例

	悪い例	良い例
視力	支障なし	ほぼ支障ないが、夕方以降かすんでみえることが多い。新聞を読む時は眼鏡を使用している。
聴力	聴こえづらい	大きめの声でないと聴こえない。外出時は補聴器を使用する。
伝達・理解力	失語症あり	失語症のため言葉は出づらい。身振りと筆談で伝えられる。理解はできる。

るか、言語的な表現が可能か、身振り手振りで伝えられるか、はい、いいえで回答できるかなどを確認します。

理解力も認知機能に関連しますが、他者が伝えようとしている内容を理解する能力があるかどうかを確認します。

この他、コミュニケーションがうまくとれない人の中には、精神疾患などにより対人関係が苦手なため他者とかかわりをもちづらい、方言を気にしてあまり話したがらない、耳が遠いため会話に消極的になっている人など、さまざまな背景が関係している可能性もあります。

まとめ

・表面的に見える能力や状況だけでなく、利用者が語らない部分に焦点を当てることで、その人にとって負担が少なく、有効なコミュニケーション手段を考えていくことができるでしょう。

15 社会との関わり

> **POINT**
> 他者との関係、家庭内の役割、地域社会とのつながりについて過去から現在にわたり、その変化を確認します。

活動や家庭内の役割の変化

　要支援、要介護状態となる前と後で、地域で行われる行事にどのように参加している（いた）のか、趣味活動を通して交友関係がある（あった）のか、家庭内の役割がどのように変化したのかについて把握するようにします。利用者によってはあまり聞かれたくないと感じる可能性もあるため、なぜ聞く必要があるのか明確にして、配慮しながら聞いていきます。

　町内会の活動や趣味サークル、ボランティア活動をすることが生きる意欲につながっている人もいるでしょうし、逆にそれができなくなったことで意欲が低下している人もいるかもしれません。

役割の重要性

　家庭内の役割も重要です。家計を支える役割、主婦として家の中を采配する役割をもっていた人が、その役割が無くなったことで、自己肯定感をもてなくなります。「誰かに必要とされている」と感じることは生きる意欲につながります。目に見える役割でなくとも、例えば父として、母として、祖父母として存在すること自体で役割を果たしているかもしれません。役割は、一人では果たせないものです。家族との関係性も捉えながら、その人にしかできない役割を把握するようにします。

15 社会との関わり

図表3-12　関わり・役割

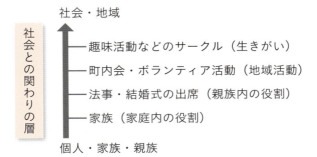

- 社会的な役割、家庭内の役割がどのように変化してきたか確認しましょう。
- その変化による本人の生活への影響についても把握します。

16 排尿・排便

POINT
排泄は、人の尊厳に深くかかわる事柄です。
プライバシーを保持し、尊厳を守りながら、
心身機能の維持のために必要な情報を
押さえます。

排尿・排便のアセスメント

　この項目では、失禁の状況、排尿・排便の後始末、コントロール方法、頻度などを見ますが、そのために必要な情報として、まず、基礎疾患、排尿・排便の有無、尿意・便意の有無、その頻度、排泄の場所、介助の有無、排尿・排便に必要な物品、留置カテーテルの有無などが挙げられます。排便に関するアセスメントで、気をつけるべき点は、排便の頻度や便秘傾向、緩下剤の種類、使用頻度など具体的な状態を確認することです。排便に障害があり重症化してきた場合、訪問看護等の医療的なサポートの検討も必要です。また、介助が必要な場合、誰がどのような介助をしているのか、自分でできる環境かどうか、阻害要因があるとすれば、それは何か（疾病、身体的要因、精神的要因など）、本人が望む暮らしの中で、排泄の自立が具体的にどんな状態を指しているのかを適切に把握することも大切です。

　さらに、介助が必要な原因と背景（身体機能の低下、認知機能の低下、住環境の影響など）を探って、排泄に関連して複合的に絡む課題は何かを明確にします。「最期まで自分でしたい」を支援するために、「できること」を丁寧にアセスメントします。ポイントは、できることに着目し、今、行っていること、可能性があることの実現につながる本人の力・能力を見る専門職としてのスキルが求められます。

16 排尿・排便

図表3-13 身体機能と認知機能から考える排泄への影響

身体機能（基礎疾患に基因する動作）
　麻痺、振戦→つかむ、にぎる、立ち上がる、かがむ、歩行状態（ふらつき）歩行距離、など
認知機能（認知機能低下、高次脳機能障害など）
　記憶障害、見当識障害、実行機能障害、失行、失認など→尿意、便意を感じて排泄行動、行為が行える、トイレの場所がわかる、時間がわかる、手順がわかる、スイッチ、ボタンなどのトイレに設置されている機器などの使い方がわかる。
　住環境（影響）トイレの場所、距離、トイレの様式、照明など、本人の排泄行動に影響を与えていることを確認し、できるための工夫につなげることが大切です。

排尿・排便で大切にしたい視点

　誰もが排尿・排便はできれば最期の瞬間まで自分でしたい、下の世話は人に頼みたくないと考えていることでしょう。人に知られたり、触れられたりしたくないこと、それが排泄にかかることだと思います。できることなら、話したくないことだとわかった上で、けれども、身体介護の中でも場合によっては命にかかわる事柄であり、確実な情報が必要だという視点でアセスメントに取り組むことが大切です。

　例えば、排泄（排尿・排便）障害があると、腎機能障害が起きたり、排便の通過障害による腸閉塞などが起こるリスクを伝えた上で、プライバシーと尊厳に配慮した情報の確認をしていきます。また、排便の失敗は、本人の尊厳が深く傷つく出来事であり、混乱や意欲の低下につながります。介護する家族にとっても「在宅介護の限界」を感じる大きな出来事になるでしょう。予防的なケアの充実のために、適切なアセスメント情報をケマネジメントに反映させることが重要です。

> ・心身機能に応じ、住環境等も含め、できることを自分で行える支援を考えましょう。
> ・最期まで尊厳を守ることを念頭に排泄ケアを考えましょう。

17 褥瘡・皮膚の問題

> **POINT**
> 褥瘡の程度、
> 皮膚の清潔状況等を確認します。

皮膚の問題

高齢者の支援にかかわる場面で、よく耳にする皮膚疾患に次のようなものが挙げられます。

> やけど、発疹、乾燥、掻痒症、疥癬等の感染症、水虫（白癬）メラノーマなどの皮膚疾患（皮膚がん）、全身性強皮症などの自己免疫疾患

ここでは、褥瘡とその他の皮膚疾患に分けて示します。

褥瘡とは

褥瘡とは、床ずれともいい、寝たきりなどによってできる皮膚疾患です。体重で圧迫された場所（皮膚）の血流が悪くなり、皮膚の一部が赤みを帯びたりただれや傷になってしまう状態です。寝たきりの状態で体位変換を行えない場合に起こりやすく、摩擦や蒸れも大きな要因になります。

褥瘡の場合に必要なアセスメント

褥瘡の程度により、治療とケアが違います。まず、褥瘡の程度（ステージ）を適切に把握することが大切です。

ステージについて知るためのスケールを図表3-14に示します。

図表3-14 褥瘡のスケール

スケール	特徴	評価項目・危険因子
ブレーデンスケール	褥瘡を発生させる6項目の危険因子を4段階で評価	知覚の認知(圧迫による不快感に適切に対応できる能力) 可動性(体位を変えたり整える能力) 湿潤(皮膚が湿潤にさらされる程度) 活動性(行動の範囲) 栄養状態(普段の食事摂取状況) 摩擦とずれ
OHスケール	対象者の危険要因4項目、と警戒要因2項目により評価 日本人高齢者用	自力体位変換 麻痺・安静度意識状態の低下(麻酔覚醒、薬剤) 病的骨突出(仙骨部) 浮腫 関節拘縮 栄養状態の低下 皮膚の湿潤
K式スケール	前段階要因(自力体位変換不可、骨突出あり、栄養状態悪い) 引き金要因(体圧、湿潤、ずれ)	前段階要因(自力体位変換不可、骨突出あり、栄養状態悪い) 引き金要因(体圧、湿潤、ずれ)
厚生労働省危険因子評価票	対象は日常生活自立度BまたはCの高齢者 6項目に対し「あり」あるいは「できない」の二者択一の評価	基本的動作能力 病的骨突出 関節拘縮 栄養状態低下 皮膚湿潤(多汗、尿失禁、便失禁) 浮腫(局所以外)

※平成30年度診療報酬改定「皮膚の脆弱性(浮腫)」「皮膚の脆弱性(スキンケアの保有、既往)」となり褥瘡の危険因子に「スキンケア」が入った

褥瘡ができる理由

　私たちは寝ている間に寝返りをうったり、いすに座っている時はお尻を自然に動かしたり浮かせたりして、長い時間同じ部位に体重(圧力)がかからないように身体を動かして、自然に「体位変換」をしています。

　しかし、重度の介護を要する方の場合、長時間同じ姿勢でいるために、身体の一部位(皮膚)が圧迫され、皮膚組織に酸素や栄養が十分に行き渡らなくなり「褥瘡」ができます。

　褥瘡ができる要因・背景に栄養状態も大きくかかわります。栄養状態が悪く皮

膚が弱くなっていたり、排泄物や汗により皮膚が湿ったりふやけたりしている場合も大きなリスク要因です。抗がん剤やステロイドなど薬の副作用で免疫力が低下している場合も同様です。摩擦やずれなどの刺激が、繰り返し皮膚に与えられている場合も褥瘡のリスクは高くなります。

褥瘡との関連で注意を払う疾患として、脳血管疾患、慢性閉塞性肺疾患、うっ血性心不全、骨盤骨折、脊髄損傷、糖尿病などがあります。とりわけ糖尿病の人のスキンケアは重要で、傷が壊死につながることもありますので皮膚状況の把握は不可欠です。

その他の皮膚の問題の場合

やけど、発疹、乾燥、掻痒症、疥癬等の感染症、水虫(白癬)、メラノーマなどの皮膚疾患(皮膚がん)、全身性強皮症などの自己免疫疾患などの場合に必要なアセスメント情報は次のようなものです。

身体のどの部位に、どのくらいの形状の皮膚疾患があるのか、赤みの程度、発赤の状態(広がり、隆起、色など)、湿潤(湿っているか、乾燥しているかなど)、診断は出ているのか、塗布薬・内服薬の処方や使用状況はどうか、いつから症状があり、また、変化があるかどうか、衣類の状態(素材や着方、衛生状況など)、住環境の影響(環境要因も大切な要素です)、保湿、清潔を保つ行為ができる身体機能、能力がどの程度あるのか、日常を過ごすために適切な判断ができるかどうかなど、しっかりと確認しましょう。

なお、真皮を越える褥瘡がある場合、特別訪問看護指示書の発行により医療保険の訪問看護を利用できます(図表3-15)。指示書の要件、発行回数、指示期間は次のとおりです。

図表3-15 褥瘡のステージ

ステージⅠ	Ⅱ	Ⅲ	Ⅳ

表皮／真皮／皮下脂肪／筋肉／骨

- **要件**：急性増悪、退院直後、終末期（頻回の訪問看護が必要な場合）
- **発行回数**：原則月1回
  月2回まで発行可能な場合「真皮を越える褥瘡がある場合」「気管カニューレ使用の場合」
- **指示期間**：14日間まで（月をまたいでも可）

　注意点として、介護保険対象の利用者の場合、医療保険による訪問看護に切り替わります。また、急性増悪の症状が改善し、指示期間を訂正した場合は、訪問看護は介護保険対応に戻ります。

情報確認の工夫や配慮

　痛みやかゆみは、日常生活を過ごすのにとても不快で生活意欲や精神症状に大きな影響を与えます。痛み、かゆみを本人が言葉で表現できない場合も、きめ細やかに情報を確認し、アセスメントにつなげる必要があります。

　無意識の行動、仕草にも観察が必要です。表情や疾患部位を掻く、かばう動作や仕草で、周囲の人が異変に気づくことも大切です。本人、家族を支援するチームメンバーが共通理解をしておきたいポイントです。

　また、予防段階と治療の段階では当然ケアプランは違いますが、大切なのは、本人の望む生活（生活の質の向上）に向けたケアプランが実践されることです。痛み、かゆみなどの不快感が軽減され、心地よく安心して一日の暮らしができるような支援を心がけましょう。

> ・痛みやかゆみの軽減、不快を減らし、心地よさが保てるように、やけど、発疹、乾燥などの原因、要因を取り除くことができる支援を考えていきましょう。

18 口腔衛生

> **POINT**
> 口腔衛生（歯・口腔内の状態）は、次項の「食事摂取」との関係性も合わせて考えていきます。

口腔衛生のアセスメント

「私たちの身体は、食べたものでできている」という言葉をよく耳にします。口から食べることによって、健康を維持し、生きる意欲の向上につながることは広く知られています。また、口腔内を清潔に保つことにより、肺疾患等の疾病予防につながることも近年の口腔ケアの取組みの中で重要とされています。

生きる意欲につながる「食べること」その前提となる口腔衛生について、アセスメントのために必要な情報を考えていきます。

まず、残歯の状況を確認します。ここで見るのは、歯科治療の有無、これまでの経過、義歯の有無と使用状況、歯周病や口臭の有無、歯磨き等の習慣などです。

さらに、口腔内の乾燥や潰瘍の有無とその原因・背景、咀嚼・嚥下の状態、麻痺などの有無、食べ物を噛んで、飲み込むことができるか、むせはあるか（どんな時、どんな食べ物、飲み物の時にむせるか）、などです。

こうした情報を確認し、それらの背景にある一人ひとりの生活様式や暮らし方、大切にしているこだわりも合わせて考えていきます。

口腔ケアの視点

「口腔ケア」とは、口の中を清潔に保ち、口腔内だけでなく身体全体の健康を保つためのケアです。自分で口腔内の清潔を保てなくなった高齢者に適切に口腔ケ

図表3-16 口腔アセスメントのポイント

- 残歯
- 義歯（部分）
- かかりつけ歯科医の存在
- 最終歯科受診日
- 口腔ケアの頻度

アを行うことで、低栄養や誤嚥性肺炎（口腔内の唾液や細菌が誤って気道に入り込むことで起きる肺炎）などを防ぐことができます。

また、自力で歯磨き等を行える高齢者であっても、適切に口腔ケアが行えているとは限りません。大切なことはわかっていても、習慣として行っていなかった場合、新たに習慣を作ることはなかなか難しい場合があります。「食べたいものがある」「食べに行きたい場所がある」など、暮らしの中の楽しみを本人と一緒に見つけて、そのための口腔ケアとして位置づけることが大切です。一番大切なことは、本人が自分の目標をもてることです。目標を1週間後、1か月後、3か月後と具体的に本人が決められるように、ケアマネジャーは、暮らしの中で本人が大事にしている内容を聴き取りましょう。

なお、口腔ケアには、歯科医、歯科衛生士との連携が欠かせません。口腔内の状態を専門的に評価・判断することで、治療やケアの方針を導き出せます。歯科医、歯科衛生士に協力を求めましょう。

まとめ

- 「食べること」は生きる意欲につながります。
- 苦痛ではなく、暮らしの中の楽しみにつながるように、一人ひとりの「食」へのこだわりを大切に支援しましょう。

19 食事摂取

POINT
食事摂取（栄養、食事回数、水分量等）は、生きていくために必要であり、生きる楽しみの一つでもある、重要な項目です。

食事摂取のアセスメント

ここでまず、基本事項として確認したいポイントを列記します。
□一日の水分摂取量　□一日に必要な栄養量　□食事の回数　□食事内容
□肥満　□るいそう（どの程度）　□BMI　□嚥下の状態　□むせの有無
□食事の摂取状況　□自助具の使用の有無　□自分で摂取可能か
□介助の内容・頻度　□食物アレルギーの有無　□好きなもの、嫌いなもの

こうした基本を押さえた上で、合わせて身体機能（麻痺の有無）や認知機能の低下の有無、食事摂取に影響を与える疾患の有無、食事を摂る場所、環境について確認しましょう。特に一緒に食べる人の有無は「食べる楽しみ」に大きな影響を与えます。

疾患による食生活への影響、配慮

栄養・食生活との関連が深いとされる疾患に、高血圧、脂質異常症、虚血性心疾患、脳卒中、一部のがん（大腸がん、乳がん、胃がん）、糖尿病、骨粗鬆症などがあります。

疾患との関連が深い食生活ですが、治療の過程では食事にさまざまな制限がかけられ、「食べる楽しみ」への影響が大きく、ストレスを伴い生活の質の低下につながる場合も少なくありません。

大切にしたい視点

❶医療との連携を保ちながら、本人の暮らしの意向を尊重する

　食べることは生きることであり、とても大切な場面です。治療が優先され、食事制限のある暮らしは、ストレスを伴い意欲の低下を招きがちです。その中でも食べたいものを食べられるひと時がもてる暮らし、楽しみにできる暮らしについて、本人の意向を最大限に尊重して、本人、家族と一緒に実現できるように考えていくことが大切です。

❷おいしく食べるために

　要介護状態であっても、食事を五感で楽しめるように、一人ひとりの状態に合わせたケアプランが必要です。

> **まとめ**
> ・食べる喜びは、生きる力につながり、意欲を引き出し、自分でしたい、やってみたいという自立につながります。

20 行動障害（問題行動）

> **POINT**
> 行動障害（問題行動）とは、暴言暴行、徘徊、介護の抵抗、収集癖、火の不始末、不潔行為、異食行動等に関する項目です。

行動障害（問題行動）のアセスメント

　ここでは、主に、認知症に伴うBPSD（行動・心理症状）についてアセスメントを行います。

　この項目は要介護認定調査の中にもあり、調査、情報収集の際に、暴言暴行、徘徊などをチェックをしますが、これは、あくまでもチェックであり、実際の本

図表3-17 認知症の中核症状とBPSD（行動・心理症状）

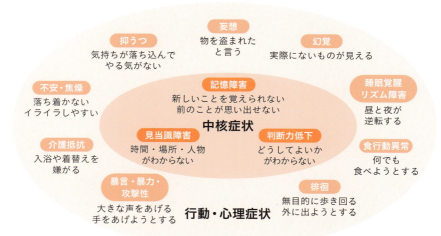

人支援、ケアマネジメントの際には、本人視点でその言動の要因、背景を考えるようにします。

なお、BPSDは、図表3-17のとおり、中核症状に加えて出現し、とりわけ介護場面で出現することが多くあります。介護者のかかわり方や環境などによる影響を強く受けることを押さえておきましょう。

アセスメントをする上で、認知症を正しく理解し、正確な状態を把握することが大切なポイントです。その際、「個の尊厳保持」、「パーソンセンタードケア」の視点は大原則です。

本人の全体像を捉え、行動障害としてではなく、一人の個人として理解すること、本人が今もっている力を大切にし、「できること・わかること」「できなくなったこと・わからなくなったこと」を詳細にアセスメントすることが大切です。できることを維持することで納得や達成感、役割遂行、存在価値が保たれ尊厳ある暮らしの継続が可能になります。また、できなくなったことは、無理に勧めず代替え手段を支援することで本人らしい生活の支援につながります。

リスクマネジメントと権利擁護

認知症に伴い、日常生活でできないことやわからないことが増えてくると、本人の安全や周囲の意向を優先し、家族や介護者による権利侵害、虐待が発生しやすくなります。例えば、行動の制限、施錠、言葉の暴力、抑制などです。

行動障害を考える時に、背景にこういったことがないかも含めてアセスメントします。表面に表れた言動を行動障害として捉えて行動を抑制するケアは、本人の心理状態を悪化させ事故につながるリスクを高めること、加えて、人権侵害、虐待につながることも押さえておきましょう。

リスクマネジメントの視点・考え方

認知症の原因となる病気（中核症状）が本人の心理に影響し、どのような行動につながるのかを推察します。また、中核症状（記憶障害・見当識障害・判断力

低下等）が日常の行動、行為（歩行状態、飲み込みなど）に影響を与え、転倒や誤嚥などの事故につながるリスク（想定されるリスク）を考えます。

　薬の影響、基礎疾患の治療による改善でBPSDとして表れている状態では、症状が軽減することもあります。服薬管理、コントロールは重要なケアのポイントであり、アセスメント情報として正確に把握します。

　便秘薬、緩下剤を使用している場合、腹部に差し込むような痛みや腹部膨満感により、落ち着かない、不安になる、いらいらするなどBPSDにつながることも多いことを押さえておきます。見当識障害によりトイレの場所がわからない、実行機能障害や失行、失認により、便意に通じる腹痛、尿意などを感じた時に、排泄行為に間に合うようにトイレに行くという行動が適切に行えない状況が出てしまう、失敗するという場面が出てしまうことも少なくありません。

　また、行動抑制につながりやすいBPSDとして、「徘徊」が挙げられます。徘徊は、目的もなくうろうろするという意味ですが、認知症の正しい理解を普及する中で、認知症の人が目的もなく歩き回るのではないこと、本人の行動の背景、要因を探る必要があるという理解が進み、「徘徊」という言葉を使わない自治体も増えています。「はいかい」と表現したり、「ひとり歩き」と言い換えるなど、本人の尊厳を大切にする取組みが全国的に進められていることもケアマネジャーとして認識しておきたい大切な考え方です。

　普段の本人の日常生活（一日の暮らし方、趣味、嗜好、大切にしてきた習慣など）の情報があると、BPSDの行為や行動の背景を推察、読み取るための判断材料となります。

　環境について情報を確認し、アセスメントしておくことも予防的なケアにつながります。自宅の前に交通量の多い幹線道路がある、踏切がある、河川があるなど、本人のこれまでの生活情報（暮らし方）を知り、中核症状（記憶障害、見当識障害、判断力低下）が与える影響を推察し、予防的なケアに活かすようにします。

　不安定な心理状態が、いつ、どのような時に起こっているかなどを細かに観察し、情報を集めます。時間の流れや生活行為を丁寧に観察、記録によるアセスメントが大切です。落ち着かない状態になる前に、本人の安心や楽しみにつながる「大切なこと、大事にしていること、趣味、得意なこと」を活かせる場が提供でき

20 行動障害(問題行動)

れば、リスクを減らし、安全で安心できる時間と場が保たれます。

必要な情報確認のための工夫

それぞれの行動障害について、押さえておきたいポイントを図表3-18にまとめました。現状の行為、行動を確認する背景に、本人のなじみの暮らしや本人の思いを知ること、理解することが大切です。

図表3-18 行動障害(問題行動)のアセスメント

暴言、暴行	大きな声を出すのは、いつ、どんな時か。言動の前の出来事は
徘徊(ひとり歩き)	無目的に行動する人はいません。いつ、どんな時、きっかけになる出来事、どこに、何と言っているか、なじみの場所などの情報確認
介護の抵抗	どの場面で抵抗が起こるか(食事介助、排泄介助、入浴介助等)介助の方法は、本人の習慣、暮らし方にあっているか
収集癖	なじみの暮らし、大切にしてきたもの、誤認することがない生活
火の不始末	認知機能、実行機能の低下、わかること、わからないこと、できること、できないこと
不潔行為・異食行動	失行、失認、できること、できないこと、わかること、わからないこと

> **まとめ**
> ・本人理解を深めるためのアセスメントが重要です。
> ・新オレンジプランの理念に沿い、認知症の人の意思が尊重され、住み慣れた地域で自分らしく暮らし続けることができるようにマネジメントをします。
> ・認知症の人の意思の尊重、自己決定を支援します。

21 介護力

> **POINT**
> ここでは、介護者の有無、介護者の介護意思、介護負担、主な介護者に関する情報等について押さえます。

介護力の重要性

　介護保険制度の理念は、利用者の尊厳の保持と自立支援です。利用者の望む生活を実現するためのケアマネジメントが求められています。

　認知症施策の「新オレンジプラン」の７つの柱の一つに「認知症の人の介護者への支援」が位置づけられ、「高齢化の進展に伴って認知症の人が増えていくことが見込まれる中、認知症の人の介護者への支援を行うことが認知症の人の生活の質の改善にも繋がるとの観点に立って、介護者の精神的身体的負担を軽減する観点からの支援や介護者の生活と介護の両立を支援する取組を推進します」と説明が加えられています。このように、介護者の状況、介護力をアセスメントすることは、利用者の望む生活の実現のために不可欠な事項です。

介護力のアセスメント

　介護力として確認する点は、まず、家族の有無に始まり、同居、別居についてや家族の健康状態、家族の就労状況、経済状況となります。続いて、主介護者は誰か、介護者の介護に対する意思、意向はどうか、介護負担についてどう感じているか、家族以外の介護者はいるか、介護者の地域交流等の有無、利用者の家族への思いなどが重要な要素となります。

アセスメントの際に配慮すべきこと

　利用者と家族が同席している場合「介護負担」の確認には配慮が必要です。家族関係の中で、相互に遠慮が生じ、実際の介護負担の状況や介護への思いなどが率直に語られず、確認できないことがあります。本人が同席しない場面で家族に実際の介護状況や介護負担等について情報を聴き取る配慮が必要です。特に、夜間の睡眠はとれているか、介護者自身の治療の必要な疾患の受診ができているか、気分転換ができているか、当たり前の暮らしができているか、介護のためにあきらめてしまっていることはないかなど、介護する家族も一人の個人としての時間が保てるよう、丁寧にアセスメントを行い、家族支援のケアマネジメントにつなげることが重要です。

- 本人の支援とともに欠かせないのが介護者の支援です。
- 介護者（家族）も安らげる時間や場所がもてるように支援することが大切です。

22 居住環境

POINT
住宅改修の必要性、危険個所等、
現在の居住環境について確認します。

居住環境のアセスメント

❶屋内環境

　屋内環境については、屋内の広さや間取り、屋内の動線、段差の有無、身体能力に適した住環境となっているか（居間、台所、トイレ、浴室、寝室など）、室温（エアコンや暖房器具の有無、操作状況）、灯油の取り扱い（一人暮らしの方の冬期の暖房が灯油ストーブやファンヒーター等の場合、灯油を取り扱う際の確認）、転倒リスク（場所、身体機能、認知機能、日内変動との関係）、福祉用具の利用状況と必要性などを確認し、総合的に勘案して住宅改修の有無と必要性を検討します。

❷屋外環境

　居住環境については、家の周辺の環境のアセスメントも大切です。
　例えば、屋内から屋外に出る方法や玄関や屋外（通りなど）に出る場所のリスク（段差や傾斜など）、移動の手段（独歩、杖、補助具、車いす、リフト）に応じた住環境となっているかなどを確認します。その上で、手すり、スロープなどの有無や必要性を考えます。
　さらに、社会交流の機会（外出の頻度）なども確認しておきたい項目です。

❸認知機能の低下がある場合

　認知症などの症状がある場合は、住み慣れた自宅でも、もの忘れや実行機能障

害により、朝起きてから夜寝るまでの生活行為の中で失敗することが増えるなど、自宅での生活が難しくなります。その場合は、❶、❷の屋内・屋外環境のチェックに加え、本人のなじみの暮らし方、できること、できないこと、わかること、わからないこと、したいことなどのアセスメントを加える必要があります。

　BPSDは、環境の変化によって引き起こされることが多くあります。認知機能の低下により周囲の環境の変化に対応する力が弱くなっている方には、リロケーションダメージ（住環境の変化によって心身が被るダメージ）を起こさない工夫が必要になります。

ケアプランに活かす視点

　暮らし（一日をどう暮らすか）のニーズは、一人ひとり違います。前述したアセスメントで確認した情報を、本人の心身の状況、これまでの暮らし方と合わせて、情報の統合、分析を行い、これからの暮らしに必要なこと（ニーズ）を本人、家族と一緒に見つけていくことが大切です。

図表3-19 福祉用具貸与と販売

> **福祉用具貸与　13品目**
> 車いす、車いす付属品、特殊寝台（ギャッチベッド＝電動ベッド）、特殊寝台付属品、体位変換器、褥瘡予防用具、歩行器、手すり、スロープ、歩行補助つえ、移動用リフト、自動排泄処理装置、認知症老人徘徊感知機器
>
> **福祉用具販売　5品目**
> 腰掛便座、特殊尿器、入浴補助用具、簡易浴槽、移動用リフトのつり具の部分

・住環境は、暮らしの基盤であり精神的な安定の土台です。
・心身機能の衰えや疾病により支援や介護が必要になっても、それまで歩んできたその人らしい暮らし方を支援しましょう。

23 | 特別な状況

POINT
特別な状況とは、虐待やターミナルケアなどを指します。

高齢者虐待の状況

　厚生労働省の資料によると、養介護施設従事者等による虐待については、相談・通報件数は1,723件、虐待判断件数は452件でした。一方、養護者による虐待の相談・通報件数は27,940件、虐待判断件数は16,384件となっており、高齢者虐待は依然として増加傾向にあります（図表3-20）。ケアマネジャーは虐待が疑われる場合、市町村や地域包括支援センターなどに相談、通報する義務があります。それだけに、こうした特別な状況についてもアセスメントの視点をもっておかなければいけません。

虐待のアセスメント

　虐待が疑われるような状態というのは、社会通念を越えた生活状態（食事内容・排泄介助・入浴・室内環境）であったり、説明不能なあざやけががあるなどです。また、あからさまに身体的抑制がされていたり、暴言、暴行、放置（ネグレクト）などが見られたり、本人の年金や預貯金が勝手に使われる等の経済的搾取がある場合も虐待のリスクとなります。
　早期に虐待を発見をするために、図表3-21のチェック項目を用いて虐待が疑われる場合のサインをつかみましょう。

23 特別な状況

図表3-20 高齢者虐待の状況

年度	養介護施設従事者等 （※1）によるもの		養護者 （※2）によるもの	
	虐待判断件数 （※3）	相談・通報件数 （※4）	虐待判断件数 （※3）	相談・通報件数 （※4）
28年度	452件	1,723件	16,384件	27,940件
27年度	408件	1,640件	15,976件	26,688件
増減 （増減率）	44件 （10.8％）	83件 （5.1％）	408件 （2.6％）	1,252件 （4.7％）

※1 介護老人福祉施設など養介護施設または居宅サービス事業など養介護事業の業務に従事する者
※2 高齢者の世話をしている家族、親族、同居人等
※3 調査対象年度（平成28年4月1日から29年3月31日まで）に市町村等が虐待と判断した件数（施設従事者等による虐待においては、都道府県と市町村が共同で調査・判断した事例と、都道府県が直接受理し判断した事例を含む。）
※4 調査対象年度（同上）に市町村が相談・通報を受理した件数
資料：厚生労働省

図表3-21 高齢者虐待発見チェック項目

□身体的虐待のサイン　　　　　□心理的虐待のサイン
□性的虐待のサイン　　　　　　□経済的虐待のサイン
□ネグレクト（介護等日常生活上の世話の放棄、拒否、怠慢）のサイン
□セルフネグレクト（自己放任）のサイン
□養護者の態度にみられるサイン　□地域からのサイン

※サインの具体的な内容は「東京都高齢者虐待対応マニュアル」参照

もっておきたい視点

　虐待は、重大な権利侵害であり、あってはならないことです。しかし、現実には、年々増加傾向にあり、未然に防ぐ対策が重要になっています。そのためにも私たち専門職が、予防と早期発見に努めることが大きな鍵となります。
　予防には虐待への対応および養護者支援の適切な実施が求められています。
　また、虐待の背景には、「介護疲れ、介護ストレス」や「教育、知識、介護技術等の不足や未熟さなどの問題」が存在している場合も多く、これらの場合には、専門職として相談にのる、あるいは適切な相談機関につなぐ視点も大切です。

ターミナルケア等について

　ターミナルケアとは、終末期の方に対して行う医療、ケアのことで、主に痛みをはじめとする諸症状のコントロール、本人および家族の精神的苦痛の軽減のための援助、本人と家族を囲む社会経済的問題の解決などを行います。
　余命が半年以内との診断を受けた場合の基礎疾患の把握、がんなどの場合は緩和ケアの方針、痛みの有無、告知の有無といった状況把握を行います。

ターミナルケアのアセスメント

　アセスメントに必要な情報と視点を図表３-22にまとめました。

ターミナルケアで大切にしたい視点

　ターミナルケアで大切にしたいことは、「QOL（クオリティ・オブ・ライフ）の向上を目指すケア」と「自分らしく過ごし、満足して最期を迎えられるように生活の充実を優先させるケア」の２つの視点です。
　可能な限り肉体的苦痛を緩和し、コミュニケーションを取りながら不安を取り除くことで、本人の望む最期（本人らしく尊厳をもって生きること）を迎えられるようにしましょう。

23 特別な状況

図表3-22 ターミナルケアのアセスメントに必要な情報と視点

- □診断名（ステージ）　□本人への告知の有無
- □本人の受け止め・意向　□家族の受け止め・家族の意向、家族間の意向
- □身体的ケアにかかわる情報（身体的な苦痛）
  「痛み」「不眠」「悪心」「嘔吐」「食欲不振」「脱水・栄養不足」「便秘」「褥瘡」「感染」「出血」「呼吸困難」「食事・更衣・移動・排せつ・整容・入浴などの生活行為の自立度、介助の程度など」
- □緩和ケア（麻薬の使用、管理）
- □精神的ケアにかかわる情報（精神的苦痛）
  安心、リラックスできる環境（相談相手や場所など）の有無
  本人の受け止め「否認」→「怒り」→「取り引き」→「抑うつ」→「受容」に伴う「不安」「苛立ち」「抑うつ」「諦め」「疑い」などの精神状態の把握
- □社会的ケアにかかわる情報
  経済状況、就労状況、家族関係、人間関係
- □スピリチュアルにかかわる情報（葛藤・価値・尊厳）
  生きること、自らの人生の意味、自身の存在価値などへの自問自答、葛藤
  心の叫びへの共感、受容、傾聴の場や人、環境の有無
- □家族の葛藤への支援

　残された時間を充実したものにできるよう施設や病院のメリットとデメリットも考慮して、最期を迎える場について、自宅や施設で容体が急変した場合、病院へ救急搬送（対応）するのか、そのまま看取るのかも考えておく必要があります。本人の意思を最大限尊重できるよう、意思疎通が難しくなる前に話し合っておくことが大切です。

先輩からのアドバイス

　「特別な状況」という項目名ですが、高齢者虐待もターミナルケアも、今後ケアマネジャーであれば、必ず出会う事例です。いつ遭遇してもきちんと対応できるように日頃からの備え（まずは、基本的な知識を理解しておくこと）が大切です。

よりよいケアプラン につながる アセスメント

4

CONTENTS

- 01 ICFの視点
- 02 新規の利用者へのアセスメント
- 03 引き継ぎ時のポイント
- 04 再アセスメント（モニタリング）のポイント
- 05 認知症の人へのアセスメント
- 06 ターミナル期におけるアセスメント
- 07 リスクを見極める❶脱水、熱中症のリスク
- 08 リスクを見極める❷服薬のリスク
- 09 リスクを見極める❸転倒のリスク
- 10 リスクを見極める❹認知症高齢者の徘徊のリスク
- 11 家族アセスメント
- 12 地域アセスメント

01 ICFの視点

POINT
ICFモデルの矢印(⟷)に着目しましょう。
その人の生活上の困りごとの原因を探り、
解決の手立てを考えるために
欠かせないのがICFの視点です。

図表4-1 3つのレベルと2つの因子

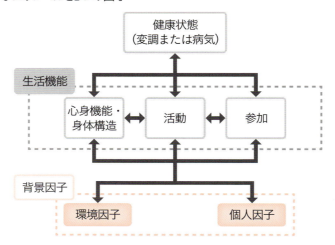

生活機能を示す3つのレベル

　図表4-1はこれまでに何らかの形で目にしたことがあると思います。
　私たちは、利用者のある一部分だけを見て援助をするわけではありません。その人の生活の全体像を俯瞰する目をもつことが必要です。俯瞰するための有効なツールがこのICFモデルと考えてください。

図の中央の列に並んでいる3つを合わせて「生活機能」と呼びます。「生活機能」とは、「人が生きること」の全体を示すもので、「心身機能・身体構造（機能・構造障害）」「活動（活動制限）」「参加（参加制約）」はそれぞれ、「生命レベル」「生活レベル」「人生レベル」というとわかりやすいと思います。この3つのレベルで人が生きるということを総合的に捉えます。

❶心身機能・身体構造：心身機能は例えば、手足の動き、精神の働き、内臓の働きを指し、身体構造とは手足の一部、心臓の一部など体の部分のことを指す。

❷活動：あらゆる生活行為を含む。ADL、IADLの他、仕事、趣味で行う行為すべてが入る。また、ICFでは「できる活動」と「している活動」の2つに分けて捉える。

❸参加：人生のさまざまな状況の中で役割を果たすということ。社会参加だけでなく、主婦としての役割を果たす、仕事の役割、趣味や地域活動に参加して役割を果たすことなど。

ケアマネジャーとして目指すところは利用者の生活が参加レベルで満たされることです。参加はその人の生きる意義と言い換えてもよいでしょう。歩けたり、食べられたりすることがその人の人生の目標ではなく、歩けることでどこに行き何をするのか、食べることでどんな楽しみを見出すのか、それが誰とどんな関係を結ぶことになるのか、そうしたことを丁寧に捉えて、その人らしさの実現を目指していきます。

生活機能に影響する健康状態と2つの因子

生活機能に影響を与えるのが「健康状態」と「背景因子（環境因子と個人因子）」です。

❶健康状態：病気やけがだけでなく、高齢、妊娠、ストレス状態など、生活機能に影響を及ぼす状態全般のこと。

❷環境因子：物的環境（家の中の段差や周辺の道路など）、人的環境（本人を取り巻く家族、友人など）、社会的意識（社会が障害のある人や高齢者をどう見るか）、制度的環境（制度、福祉サービス、政策など）のこと。

❸個人因子：その人固有の特徴。例えば年齢、性別、生活歴、価値観、ライフス

タイルなどのこと。
このICFの視点を通して具体的にどう捉えるかを以下の事例で示します。

Aさん（女性・58歳）、専業主婦、脳梗塞後遺症で右片麻痺の事例

　Aさんは脳梗塞の発症（健康状態）によって、右上下肢の不全麻痺が残り（機能障害）、料理ができなくなりました（活動制限）。そのことで、主婦としての役割を果たせなくなりました（参加制約）。

　Aさんは、右片麻痺は訓練によって改善しなくても（機能障害）、利き手交換の訓練をして左手で包丁をもてるようになりました（活動）。また、キッチンで座って料理できる環境を整え、片手で料理をするための道具を揃えました（環境因子）。

　不自由な体になってしまったけれどそれを受け止めて前向きに生きたいという価値観をもっています（個人因子）。これらが相互作用し、家族に料理を作るという主婦としての役割（参加）を再獲得できました。

　このように人の生活はさまざまな要素が相互に関連し合って成り立っています。ICFモデルの基本的な考え方・視点をしっかり身につけて、実際のケースに適用し、それによって対象者を全人的に理解把握することがICFの活用です。

- 治らないこと、できないことがあっても、支援をすることで可能になることがたくさんあります。
- ICFはどこにどのようにアプローチをすればよいかを知るのにとても有効なツールです。
- できること、やれそうなことに着目して本人のストレングスを支援に活かすヒントにしていきましょう。

ベテランケアマネジャーの基礎力

COLUMN 4

よりよいケアプランにつながるアセスメント

　ベテランと呼ばれるケアマネジャーは、1〜2、3年目のケアマネジャーと何が違うのでしょう。それは「基礎の力」であると考えます。ベテランのケアマネジャーはこの基礎力が高いのです。

　ケアマネジメントにおいて基礎となるのは、適切なケアプランの目標設定、社会資源の選択、利用者や多職種とのケアチームの協働、利用者や家族との信頼関係の形成などです。

　ベテランケアマネジャーは、これらをしっかり行っており、アセスメントにおいても、利用者を全体として捉えるICFの視点による情報の確認ができています。

　このような技術は、ただ実務の経験を積むだけでは身につきません。ベテランケアマネジャーは、長い経験の中で、研修会への参加や専門書を読むなどして学びと実践を繰り返し、たゆまず自己研鑽の努力をし続け、その中で少しずつ技術を身につけてきたのではないかと思います。学んだことは必ず実践しなければ身につかないものです（インプットとアウトプット）。

　皆さんの身近にも、そのような「仕事のできるベテランケアマネさん」はいるのではないでしょうか？

　対人援助職は、基礎として学ぶことが多く、学びの時間も圧倒的に長いといわれています。アセスメントにおける広い視点は、焦らず着実に歩むことで身につきます。先は長いかもしれませんが、自分がなりたいと思う「できるケアマネさん」をイメージして、技術を向上させていきましょう。

02 新規の利用者への アセスメント

POINT
利用者・家族との大切な出会いの場面です。
しっかりと相互理解をしましょう。

新規の利用者との出会い

新規の利用者がケアマネジャーにつながるパターンとしては、
❶初めて要介護認定を受け、地域包括支援センターに相談し、そこから依頼を受ける。
❷病院のソーシャルワーカーから退院の利用者の依頼を受ける。
❸知り合いからの紹介。
❹利用者、家族が自身で事業所を選択して電話をかけてくる。
などがあります。

新規の利用者、家族は、ケアマネジャーに会うことも介護保険について詳しく説明を受けることも初めてという方がほとんどだと思います。私たちと初めて出会う時、「ケアマネジャーって聞いたことがあるけれど、どんなことをしてくれるのかな？ 困っていることを助けてくれるのかな？ 話のしやすい人だといいな」などいろいろと考え、緊張していることでしょう。ですから、自宅を初めて訪問する場合は、いきなり本題に入るのではなく、庭に咲いている花や自宅内のインテリアなどを話題にすることで、リラックスした雰囲気を作り出せるように心がけましょう。

また、当たり前ですが、きちんと自己紹介をしたり、利用者が安心できるように軽く微笑んだ表情で、ゆっくりと話すなど、相手への配慮が大切です。

02 新規の利用者へのアセスメント

図表4-2 新規利用者のルート

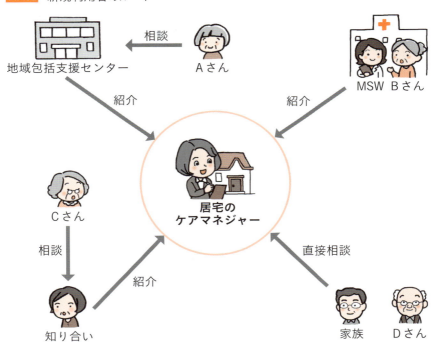

初回面接のアセスメント

　初回面接の場合、まず主訴を確認することから始めます。今回介護保険を申請しようと思ったのはどのようなことがきっかけだったのか、どのような希望、困りごとがいつ頃から生じているのか、本人・家族の主訴は一致しているのか、していないのか、ケアマネジャーはあまり口を挟まず利用者、家族の言葉で語ってもらうようにします。

　次に、介護保険制度とケアマネジャーの役割を説明し、理解してもらいます。ケアマネジャーの仕事は直接援助ではないため目に見えないことが多い仕事です。ケアマネジャーが何をするのか、介護保険で何ができるのか、行政の出しているパンフレットなどを活用しながらわかりやすく簡潔に説明しましょう。

　利用者の主訴と、介護保険制度・ケアマネジャーの役割を互いに共有できたと

ころで、利用者、家族とケアマネジャーが同じ場所に立つことができ、ここが支援の出発点となります。また、個人情報について、関係のない第三者には絶対に漏らさないことを説明し、なぜさまざまなことを利用者、家族に聞くのか、アセスメントの意義を十分に説明し、理解してもらった上で、話を進めていきます。

注意したいのは、いきなりアセスメント表の上の項目から順番に聞いていかないようにするということです。利用者の口から語られた困りごとから派生させて質問をしていきます。お風呂に入れなくて困っているという訴えに対し、入浴のことを聞かずに、「順番ですのでまずお食事をどうしているか聞かせてください」と言われても、話す気持ちになれないことは容易に想像できるでしょう。

ケアマネジャーの第一印象は、その後の支援関係に影響を与える重要な要素となります。どんなケアマネジャーなのか、信頼できそうかなど利用者自身がケアマネジャーをアセスメントしていることを忘れないようにしましょう。

新人にありがちなポイント

新人の頃の初回訪問はとても緊張すると思いますが、ケアマネジャーが不安になっているとそれが相手に伝わってマイナスの相乗効果が生まれてしまいます。不安があってもそれを表に出さないトレーニングが必要です。焦ることがないよう資料などはしっかり事前に準備しておきましょう。心配なことがある場合は、事前に上司や先輩に相談することも大切です。

また、新規の利用者は、一度に多くの情報収集をしなければならないので、新人のうちは聞き漏らしや詳しいところまで聞けないこともあると思います。そのような時は、一人で頑張りすぎず、多職種の力を借りるようにします。各事業所は個別の支援計画を立てるために、専門的な視点から情報を収集していますので、ケアマネジャーが聞き漏らしている情報を把握している可能性があります。それを共有することで不足している情報を補うことができますし、同じ方向を向いて支援内容を考えていくことができると思います。

支援開始後も、モニタリングを繰り返しながら、信頼関係を支えにさらに深みのあるアセスメントを行うための情報を聞いていき、利用者、家族、サービス事業者等と共有するようにしていきましょう。

02 新規の利用者へのアセスメント

4 よりよいケアプランにつながるアセスメント

> まとめ
> - 初回のアセスメントでは、「とにかく聴かなければ」をやめて、「お互いを知ることが第一歩」と心得ましょう。
> - 利用者・家族もケアマネジャーをアセスメントしています。

03 引き継ぎ時のポイント

> **POINT**
> 引き継ぎであっても、アセスメントは
> 新規で行う気持ちで取り組みましょう。

引継ぎケースはやりづらい？

　前任の担当ケアマネジャーから何らかの理由で担当が変更となり、ケースを引き継ぐ時、ケースを引き継いだケアマネジャーから「前任のケアマネジャーから引き継いだケアプランはやりづらい」という声をよく耳にします。

　実際にはそのプランで何か問題が生じているわけではありません。利用者もなるべく今のサービスに変化がないように望んでいます。

　しかし、引き継ぎ後に自分で改めてアセスメントを行ってみると、前任者が作成したケアプランに違和感を覚えます。その理由は、着眼点やニーズが前任者と異なっていたり、支援の方法に違いがあるからではないでしょうか。

　この違いは、ケアマネジャーにも個性や価値観の違いがありますし、基礎資格によっても、生活課題を捉える視点やプランを作成する感性が微妙に変わってくるからです。さらには、ケアプランは利用者とケアマネジャーが協働して作成するものなので、利用者と前任者がその時に面談で話した内容にも影響を受けます。

　利用者が「このままでよい」といわれたならば、その気持ちを尊重しつつも、新たな担当として「今の利用者」を理解するために、自分の着眼点で、利用者の「今の生活」をしっかりとアセスメントをすることが大切です。

　また、ケース自身の変化もケアプランの内容に微妙なズレを生じさせます。サービスを利用し始めてからの時間の経過とともに、生活問題の変化や身体の変化も起きて、その影響から人の気持ち、考えも変わります。前任のケアマネ

図表4-3 リ・アセスメントの視点

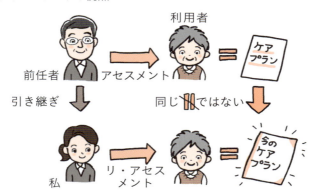

ジャーが行ったアセスメントは、変化が起きる以前のその時に行った情報なのです。もちろんこの視点は引き継ぎ時だけではなく継続しているケースにおいても大切で、常に変化を見据えて「リ・アセスメント」つまり「見直し」を行っていきます（次項参照）。

利用者には、これから新しいパートナーとして、一緒にケアプランを考えていくことを伝えて、今の利用者自身をアセスメントさせてもらいましょう。

引き継ぎ後のアセスメント

引き継いだ後のアセスメントでは、今までサービスを利用してきた経過について利用者や家族、サービス提供事業者から情報収集を行っていきます。サービスを利用した後の評価表や利用をしているサービスの介護計画書やモニタリング票を見て、利用者が目標に取り組んできた経過を確認しながら、本人の意欲や能力をアセスメントしていきます。

> まとめ
> ・ケアプランを「変えずに守ること」が大事ではなく、経過を尊重することが大事なのです。
> ・今の生活のアセスメントをしっかり行って利用者と新たな目標を立てていきましょう。

04 再アセスメント（モニタリング）のポイント

> **POINT**
> モニタリングでは、本人がケアプランを評価できることが重要です。

サービス利用後の変化を、経過を追ってみる

　モニタリングでは、サービス提供事業者からの情報、利用者の意向やサービスへの意見などを踏まえ適切にサービスが提供されているか確認し、計画書やサービス内容の微調整を行っていきます。モニタリングの方法は図表4-4のとおりです。

　サービス利用による利用者の心情や生活の変化の経過は、初回利用時の様子の情報があると、どのように変わったか、モニタリングの参考になります。

　また、目標達成に向けて順調に進んでいればよいのですが、ADLの低下や生活状態の悪化によってサービスがうまくつながっていない場合等は、サービスの利用状況や、本人の意欲、家族の介護力、環境など、全体を見て原因を考えることがモニタリングの基本です。

モニタリングは何を確認するのか

　モニタリングは、利用者と家族、ケアマネジャーやサービス提供事業者などが一緒に目標や手段を確認して、問題が生じていないのかを確認していくプロセスです。

　目標とサービスが利用者自身で評価できるものになっていないと、利用者はモニタリングを行えません。ケアプランの目標が「安心・安全」とか「できること

04 再アセスメント（モニタリング）のポイント

図表4-4 指定居宅介護支援等の事業の人員及び運営に関する基準（抜粋）

第13条
14 介護支援専門員は、前号に規定する実施状況の把握（以下「モニタリング」という。）に当たっては、利用者及びその家族、指定居宅サービス事業者等との連絡を継続的に行うこととし、特段の事情のない限り、次に定めるところにより行わなければならない。
イ 少なくとも1月に1回、利用者の居宅を訪問し、利用者に面接すること。
ロ 少なくとも1月に1回、モニタリングの結果を記録すること。

は自分でやる」といった具体性のない曖昧な目標だとモニタリングはできないのです。

また、利用者の家に訪問をしても、「最近、お変わりはありませんか?」「サービスは特に問題ないですか?」といった会話だけではモニタリングになりません。「〇〇という目標を、3か月の期間で達成する計画を立てた時の訪問」では、「お変わりありませんか? サービスを利用して2か月が過ぎましたが、ご様子は順調なようですね。3か月後の目標も達成できそうですが、〇〇さんはどのように思われていますか」と、取り組みの経過や感想を相互に話し、モニタリングを一緒に行います。

利用者の答えは主観的なものでも構いません。サービスを利用したことで生活の変化をどのように感じられたかを、自身が話されることで、サービスの受け手ではなく、自分自身で取り組んでいることの意識にもつながります。

ケアマネジャーは、本人の意欲や気持ち、能力がどう変化したかを確認するとともに、家族やサービス提供事業者からの情報を客観的に分析して、目標が達成できるか、サービスの過不足や内容の修正の必要がないかを判断します。これがモニタリングのリ・アセスメントです。

利用者の満足度向上を図っていく

モニタリングで大事なことは、ADLの維持や向上、病気や服薬の管理、本人の社会参加など、目標が期間の中で達成できたかという点を、利用者とケアマネ

ジャーの確認だけではなく、周囲でかかわっている家族やサービス提供事業者などの意見も集めて判断していくことです。

　そして、ケアマネジメントは、本人のQOL向上も目的としています。QOLは、本人の主観によって語られる部分と、周囲の関係者が客観的に見て感じた変化を確認していきます。サービスを利用した生活が、「望む生活」へと近づいているか、困りごとが小さく、少なくなっていったかを利用者自身が語れるように話を聞いていきましょう。

先輩からのアドバイス

　ケアマネジャーは、サービスを利用をした上での本人や家族の意見や感想、サービス提供事業所やインフォーマルサービスなどの関係者の意見を鑑みながら、サービス量の過不足や提供されるサービスが適切かを専門的に判断していきます。そして、その判断の結果を利用者と確認しながら、必要に応じてサービスの微調整を行いましょう。

基本情報で書く家族の図

COLUMN 4

よりよいケアプランにつながるアセスメント

「家族構成」の欄は、家族関係の状況がわかるようにジェノグラムで表していきます（下図）。その際に、家族の年齢や住んでいる地域なども記入していくと、介護力などの視覚化ができます。また、利用者本人が最上段に位置して書かれるジェノグラムをよく見ますが、介護力を表す点では、本人の兄弟姉妹など親族の状況もアセスメントを行い、図に表していきましょう。

兄弟姉妹の年齢によっては、まだ現役で働いている人もいるでしょう。

本人の弟さんや、配偶者の義妹が病院の受診に付き添ってくれたり、通院に車を出してくれるといった話は聞いたことはありませんか？「遠くの子どもより、近くの親戚」ということもあります。そのような場合は、本人世帯だけではなく、インフォーマルサポートとして兄弟姉妹なども記入してください。

また、介護に協力してくれるのか、近くに住んでいるのか、諸般の事情から手伝いは難しいのかなどを聞き取って、本人との関係を「家族関係等の状況」として記入すると、より親族間の関係がわかりやすくなるでしょう。

ジェノグラム（記入例）

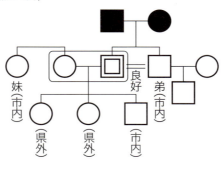

05 認知症の人へのアセスメント

POINT
たとえ意思の表示が難しくても、本人の希望をできるだけ汲む必要があります。

認知症の人へのアプローチ

　認知症の人のアセスメントにあたっては、たとえ、どのような状況にあっても、本人とのコミュニケーションを図りながら、その思いを理解するように努めることが大切です。「認知症であるから何もわからない」など、本人の尊厳を無視するような支援は絶対にあってはならないことです。

　その上で家族からの聞き取りを含めて本人の能力を評価し、「できること」を中心に支援のあり方を検討していくことが大切です。「できること」を十分に活用した多様な社会生活への積極的な参加を促すことにより、生活意欲の向上を図りながら、本人にとって満足度の高い、生き生きとした生活の構築を目指すことは認知症高齢者のケアマネジメントに関しても同様です。

　ただし、認知症は、脳の器質的疾患であり、早期発見、早期治療がたいへん重要です。また、アルツハイマー型や脳血管性、レビー小体型などのタイプによって、望ましいケアのあり方や家族の接し方などが異なるため、認知症が疑われる場合には、できるだけ早い段階で専門医への受診につなぐ必要があります。

　例えば、前頭側頭葉変性症の場合、一般的に攻撃性や興奮を引き起こしやすくなるため、どのような場合に興奮するのかなどを把握することにより、家族の負担の軽減を図ることが可能となります。このように、アセスメントの過程において家族の疾患に対する理解を深めることは、必要なケアを実施する上で大変重要な要素となります。

05 認知症の人へのアセスメント

> **図表4-5** 4大認知症
>
> 1　アルツハイマー型認知症（AD）
> 2　脳血管性認知症（VD）
> 3　レビー小体型認知症（DLB）
> 4　前頭側頭葉変性症（FTLD：frontotemporal lober degeneration）

認知症の人へのアセスメントのポイント

　認知症の人の中には、複数の疾患を抱え、内服薬等の種類や一回当たりの服用数がまちまちであることも多く見られます。このような場合、服薬の時間や服用数の管理ができないことも珍しくないため、薬剤の本来の効果を引き出せずにADLが低下して生活の質に大きな影響が生じているケースが見られます。

　また、睡眠障害を訴える人も多く、症状によっては睡眠薬を処方され服用されている人も少なくありません。夜間に排尿のために目が覚めることもありますが、睡眠薬を服用しているため、夜間にトイレに行こうと思いふらついて転倒し骨折することも珍しくはないのです。

　認知症の人は、身体的な不調を言語で訴えることができないことが少なくありません。どこか具合が悪くても的確に言葉に表すことができず、いらいらしたりすることもよく見られます。

　このように認知症の人の生活には、家族が気づいていないニーズや1度や2度の面接ではケアマネジャーが気づきにくい潜在化されたニーズもあります。

　このため、ケアに携わる専門職がそれぞれの目線で継続的にアセスメントし、これらを持ち寄り本人のもつ力や本人を取り巻く環境の力などを総合的に分析していくことが必要です。その上で、ケアに携わる多職種の支援者が、それぞれの専門性を活かした評価を行い、こうした評価をもとに一つのチームとして連携を図りながら互いに協力してさまざまな課題に対応していくことがとても重要であるといえます。

　なお、認知症の人の意思確認には『認知症の人の日常生活・社会生活における意思決定ガイドライン（厚生労働省）』が参考になりますので活用してください。

チームとしてのかかわり

例えば、排便ができていない場合も、認知症の人は排便ができていると答えることがありますが、訪問看護が入ることにより、腹囲を測って排便の状況を確認することや血圧の測定や皮膚の状況の観察など、外から見た健康管理が可能となります。また、通所系サービスにおいて、花の水やりやタオルたたみ、掃除や配膳の手伝いなど、その人に合った役割を見出すことができれば、本人にとって満足度の高い、生き生きとした生活の実現につながります。

在宅で生活する場合、日常的な地域との関係性や声かけ、見守りといった近隣のサポートの活用の可能性などについても事前にアセスメントしておく必要があります。認知症を発症すると、例えば、他者に対して「ずっと私のことを見ているでしょう」などと、強い口調で突然責め立てるようなことも見られますので、地域とのトラブルを避けるためにもあらかじめ認知症を発症したことを近隣に打ち明けて、理解と支援をお願いしておくことが大切です。

先輩からのアドバイス

在宅で認知症の人のケアを行う家族は、とても頑張り過ぎる傾向があるため、共倒れにならないためにも、家族が発信するサインを見逃さず、適切に手を差し伸べることが必要です。それは、介護ストレスが生じている場合に、愚痴を聞くことで十分なこともあれば、通所系サービスのスタッフのちょっとしたアドバイスで乗り切れたということもよくあるのです。

主訴を家族からの聴き取りだけですますことの危険性

COLUMN 4 よりよいケアプランにつながるアセスメント

　世の中の多くの人たちは、「認知症になったら、何もわからなくなる、何もできなくなる」、という偏見を、根深くもっているようです。認知症になったからといって、いきなりすべてがわからなくなる、できなくなるわけではありません。場所や時間がわからない、適切な言葉が出にくい、いわれたことがわからない、場違いな行動をするなどの症状があったとしても、わかることやできることはたくさんあるのです。しかしながら、家族の中には、認知症と診断されると、もう理解できないのだから、聞いても仕方ないと思い込んでしまうことも多く見られます。

　私たちは、このような家族の言葉を鵜呑みにして、利用者のアセスメントを家族からの聞き取りだけですましてしまうことのないようにしなければなりません。特に、認知症の人のアセスメントを行う場合、本人を目の前にして聞かなければならないことと、本人の前では聞いてはならないことをしっかりと区別する必要があります。

　認知症高齢者にとっての大きな課題は、認知的に低下した自分の状態を受け入れることであり、自尊心の強い人などは、現状を受け入れられずに絶望して、生きていく自信や気力を一気に失ってしまい、話さなくなることも珍しくありません。

　まだ私がケアマネジャーになりたてで認知症の定義さえない頃、家族が「本人はもう何もわからないから」と言って、初対面の私と女性の利用者の前で排泄の失敗やもの盗られ妄想などのエピソードを話された時、その利用者が顔を真っ赤にして言葉にならない心の叫びを発したことは今でも決して忘れることはありません。

　人は、その人なりに生きてきて、今があります。これまで大切にしてきたモノ、習慣、こだわり、好きなこと・嫌いなこと、大切な人、つながりは、これからも元気で楽しく暮らしていくための力となります。

　私たちが、一人ひとりの個性に応じた丁寧なアセスメントを行うことで、生きる力を支えていくことが可能となり、それこそが高齢者の尊厳を守ることにつながるのです。

06 ターミナル期におけるアセスメント

POINT
在宅で最期を迎えたい利用者を支えるために
条件を整え、連携による支援体制を
構築できるかどうかがカギです。

在宅ターミナルケアの条件

　現在、わが国の緩和ケアは、治療をあきらめた終末期の患者・家族に死を受容させ、麻薬で痛みをコントロールし、よい死を迎えることを促進するケアを指すことが一般的となっています。

　また、患者が望んだ場所で最期の時間を過ごせたほうが、QOLが圧倒的に高いことに加え、さまざまな調査から、多くの終末期の患者が人生の最期は自宅で過ごしたいと希望していることから、緩和ケアは、在宅や地域を中心に提供されることが求められています。

　しかしながら、実際に在宅においてターミナル期の緩和ケアを提供するためには、次の要件をすべて満たしておく必要があり、実施の可否を決定するためのアセスメントは主治医をはじめ医療関係者が中心となって行われることとなります。

図表4-6 在宅ターミナルケアの条件

❶本人とその家族に「家で過ごしたい・過ごさせたい」という意思があること
❷医療チームの体制(往診・訪問診療・訪問看護)が整っていること
❸介護力、介護職の支援が整っていること
❹24時間体制のケアが可能であること
❺病院・ホスピスとの連携が可能であること

終末期の連携

　終末期に緩和すべき症状には、呼吸困難や食欲不振、嚥下障害、喀痰、疼痛、褥瘡、せん妄などがあり、主治医や緩和ケア医をはじめ、訪問看護師、薬剤師、理学療法士・作業療法士・言語聴覚士、管理栄養士など、多くの専門職がチームを組んで対応します。精神的に不安や不穏のある患者に対しては医師と連携して心理支援を行います。

　また、必要に応じて訪問介護をはじめ、訪問入浴介護や訪問リハビリテーション、訪問歯科診療などの訪問サービス事業者が連携して口腔衛生や生活面での支援を行います。ケアマネジャーは、このようなサービスが円滑に提供されるように、担当者会議などを活用してターミナルケアにかかわる関係者が連携を深めていけるよう調整を図るとともに、本人、家族からよく話を聞き、少しでも不安が解消されるよう精神面のケアを行います。

　とりわけ、在宅ターミナルケアの準備段階においては、本人は在宅で最期を迎えることを望んでいるものの、家族は果たしてそれでよいのだろうか、本当にやっていけるだろうかと大きな不安を感じていることも多いのです。

　このため、ケアマネジャーは、家族と面接を繰り返す中で、揺れる気持ちに寄り添いながら、家族の了解を得て本人の意向を確認するとともに、現在の病状や今後の進行等について医療側（病院・診療所など）からも的確に情報収集を行い、綿密な支援体制の構築に向けて準備を進めます。

　特に、在宅における生活面に焦点を当て、訪問看護の専門的な助言等を参考にケアプランを策定し、利用者・家族を含む在宅ケアのケアチームで内容の共有を図ります。

　実際に、在宅ターミナルケアが開始されると何かと落ち着かない状況も多く見られることから、少しでも不安が解消されるよう本人や家族の話をよく聞いて精神面の支援に力を入れていくことが大切です。また、本人の病状を含む状態の変化に対しては、即時・的確に対応していくことが重要であることから、あらかじめ留意すべきポイント等について全体で確認を行いながら支援チーム内の情報共有を図っていくことが不可欠です。

在宅ターミナルケア実施時におけるアセスメントの視点

❶疼痛

　鎮痛剤・麻薬などの使用方法や副作用などについて、主治医、薬剤師、訪問看護師との連携を図り、家族を含めてケアに携わるチーム全体で共有を図ります。

　痛みに関しては、単に身体的要因のみから捉えず、精神的、社会的、スピリチュアル的要因を含む全人的なものとして捉え、本人の訴えを十分に聞き、痛みの程度を主治医や訪問看護師に伝えます。

　なお、寝たきりなどでは同一体位による筋肉痛、褥瘡初期の痛みが生じることもあるため、痛みの原因をよく観察することが大切です。その上で、状況に応じて体位の工夫や褥瘡予防など、実態に即した対応が必要です。

❷嘔気・嘔吐

　嘔気、嘔吐は本人にとって苦痛が大きいため、主治医に医療的な支援を求めるとともに、食事や環境整備等のケアの面における対応を検討することが必要です。

❸食欲不振

　食欲が低下している場合、医療的に支障がないことを確認の上、食事の時間にこだわらず、食べたい時に食べたいものを摂取してもらうようにします。また、のどごしのよいものを用意することや、食事をとる場所などの環境を変えることなど、食事の形態を工夫することも大切です。

❹便秘・下痢

　がん末期で麻薬を使用している場合や、寝たきりの多くは便秘となりやすいので、医師に状態を正しく伝え、必要に応じて下剤の処方や訪問看護による腹部、腰部のマッサージ、浣腸、摘便などを実施してもらいます。

　また、食事内容や水分摂取についても十分に留意するとともに、訪問看護等と情報を共有することが必要です。

06 ターミナル期におけるアセスメント

❶疼痛　❷吐き気　❸食欲不振　❹便秘・下痢　❺不眠　❻浮腫　❼倦怠感　❽皮膚トラブル

❺不眠

　疼痛、嘔気、呼吸困難など身体的症状が原因であれば、医師に連絡して対応を図ります。

　その他にも、室温、換気、照明などの環境によることもあるため、本人や家族の見解を確認します。また、朝起きたら着替えをして、就寝前に寝巻きに着替えるなど、健康時の習慣をできる限り行うことは、昼夜逆転を防止する上で有効であり、疲れすぎるのも不眠の原因となるため、昼間の休養も十分に取るよう配慮することが大切です。

❻浮腫、口渇・舌乾燥

　寝たきりの場合などは、浮腫を予防するため、足浴やマッサージで循環を促し、体位を工夫することが大切です。

　喘鳴や呼吸困難を伴い、胸水・腹水の貯留が疑われるような場合は、医師に連

絡して対応を図ります。

口腔や舌の乾燥は、出血や口内炎、舌苔を起こしやすく、一層の食欲低下や肺炎を起こしやすいため、うがいや口腔ケアで対応を図ります。

❼倦怠感・脱力感

ほとんどの末期がん患者においては、倦怠感や脱力感を訴えることから、無理のない気分転換（入浴、清拭、手浴・足浴、マッサージ、アロマテラピーなど、心地よいと感じる刺激を積極的に与えること）を図る手段を検討しておくことが必要です。

❽皮膚のトラブル・掻痒感

皮膚の乾燥、湿疹、掻痒感などの不快症状に対しては、清拭の後、保湿性のあるローションなどで皮膚を保護するとともに、清潔で柔らかい衣類やリネンを用いることも大切です。かきむしって皮膚を傷つけないよう、爪の手入れを行うことも重要です。

図表4-7 在宅ターミナルケアの流れ

- 利用者・家族は最後まで揺れ動くものです。
  そうした気持ちに寄り添いながら、
  不安を取り除くような支援を行いましょう。

まとめ

アドバンス・ケア・プランニング：「人生会議」 COLUMN

　人生の最終段階における医療や介護について、あらかじめ家族や医療・ケアチームと話し合って決めておく「アドバンス・ケア・プランニング」という取り組みがあります。この考え方は欧米で生まれたものであり「カタカナ語で意味がわかりにくい」ため、厚生労働省が愛称を公募し、2018年11月30日の「いいみとりの日」に「人生会議」と公表されました。

　自らの命の終わり方について考えるということは、最期の時に至るまでの自分の生き方そのものを考えることにつながるということです。

　現在、自宅で最期を迎えたい、迎えさせてあげたいと願う利用者や家族が増えており、ケアマネジャーが終末期ケアにかかわることも多くなってきました。在宅においてはがんの終末期ケアが多く見られますが、高齢者の場合、慢性心不全などの非がんのケースも少なくありません。

　医療機関などでは、厚生省からの医療・介護従事者に向けたガイドラインが示されるなど、「アドバンス・ケア・プランニング」の取り組みが進んでいますが、在宅では十分に浸透しているとはいいがたい状況です。

　私たちケアマネジャーは、利用者や家族が最終段階にどのような医療・ケアを望むのかしっかりと意向を確認しながら、医療と的確に連携を図ってガイドラインに沿った支援を展開していかなければなりません。

　もちろん、自分の最後の段階を簡単に決定できるはずはありません。利用者や家族の心は必ず揺れます。したがって、プロセスは一度決めたら終わりではなく、何度も繰り返し、話し合いを行うことが重要であり、何度揺れても微笑んで対応できる支援を心がけたいものですね。

07 リスクを見極める❶ 脱水、熱中症のリスク

POINT
高齢者は寒暖を感じにくくなっており、
リスクが高くなります。

脱水、熱中症のリスク

　熱中症は、高温多湿な環境に身体が適応できないことで生じるさまざまな症状の総称で、体のだるさや吐き気が生じることや手足の筋肉がつるなどの症状が出ることもあります。高齢者の場合、自分が熱中症になっていることに気がつきにくく、脱水による熱発やせん妄など重篤な症状を引き起こすこともあり、重度になると命にかかわることもあります。

　高齢者は、口の渇きを感じにくい、体液が減少している、水分摂取量が減少している、腎機能が低下していることなどにより脱水状態になりやすいため、特に独居や高齢者のみの世帯では、気づきにくいという点も含めて注意が必要です。

　また、認知症の方には特に気をつける必要があります。脳の機能の低下によって、暑さが気にならなくなり、夏に冬物のセーターを着て汗を流していることやこたつに入っているところを見かけることも少なくありません。

　暑さが気にならない高齢者は、夏でも長袖に厚手のカーディガンなどの羽織ものなどを着用し、厚着をする傾向にあります。

　また、高齢者は「クーラーの風が嫌い」「暑くない」「電気代が気になる」などの理由でエアコンの使用を嫌がる方が少なくありません。室内の温度を計測するなどの工夫によって、高齢者に室温が高くなっていることを客観的に示すことなどにより、適切なエアコンの使用を促すなど、在宅ケアの場では、支援にかかわるすべての者が脱水症予防の視点をもつことが大切です。

高齢者の脱水症の兆候

　高齢者の脱水症の兆候としては、「手が冷たい」「口の中が乾いて唾液が出ない」「舌の赤みが強い」「わきの下が乾いている」「頭痛や筋肉痛など体のどこかが痛い」「微熱が続く」などが挙げられます。

　このような兆候が見られた際には、脱水症かどうかを判断する目安として次のことを確認しましょう。

「親指の爪を押して、2秒以内に赤みが引かない」
「腕の皮膚や手の甲の皮膚をつねって、3秒以内に皮膚が戻らない」
「脈拍を測ると、120回/分以上である」

　こうした場合には経口補水液などの水分摂取を促しながら、かかりつけ医や訪問看護などに相談をして適切な対応を図ることが必要です。

　なお、嘔吐・下痢・大量の発汗により水分摂取が必要と判断した際には、お茶などのカフェインが入っている飲み物は利尿作用をきたして電解質のバランスを壊す可能性もあるため、市販の経口補水液等を用いるのがよいと思います。嚥下が心配な方にはゼリータイプもありますので、上手に活用することが大切です。

　なお、高齢者の水分摂取に関しては、心不全等の疾患により、医師から水分制限の指示を受けていないかを確認をしておくことが不可欠です。

　高齢者にこまめに水分摂取を心がけるように声かけをすると、必ず「水分をとっています」と返答があります。その際、どのタイミングで何をどれぐらい飲んでいるかを必ず把握してください。本人は飲んでいるつもりでも1日500ml程度の人も少なくありません。食欲不振やトイレの回数を減らすために食事や飲み物を制限している人もいれば、夜間の排泄が面倒だといって夕方以降に水分を制限することも珍しくはないのです。

> まとめ
> ・日常生活における水分摂取の習慣と摂取している水分量を把握しておくことが大切です。

08 リスクを見極める❷ 服薬のリスク

POINT
薬の副作用、飲み残し、服薬間違いなどに
注意を向けましょう。

服薬のリスク

　薬の副作用については、最近、新聞やテレビ等のマスコミでよく耳にしますが、実際のアセスメントやモニタリングの場面において服薬状況などを伺うと、「多剤併用」や「飲み残し」「服薬間違い」などの状況を目の当たりにすることも少なくないと思います。

　一般的に、高齢になると薬の副作用が出やすいといわれていますが、特に薬の代謝に関係する腎臓と肝臓の機能が低下します。薬は、肝臓で分解されて腎臓で排泄されますが、肝臓や腎臓の機能は、30歳をピークに年々低下し、70歳代では、30から40％程度低下するため、薬の成分が分解されずに身体内に留まる時間が長くなり、薬の効果が強く出て副作用が生じやすくなるといわれています。

　また、高齢になると身体の水分量が減少することから、血液中の脂肪が占める割合が増えるため、薬が脂肪に溶け込んで蓄積されやすくなります。このため、血液中の薬の濃度が高まり、副作用の発生リスクが高くなるのです。

　一方、高齢者の多くは、内科、整形外科、耳鼻科など多くの診療科目を並列的に受診しており、それぞれの医療機関において疾患ごとの内服薬や貼付薬などを処方されています。このため、高齢者は複数の薬を同時に服用することが珍しくありません。いわゆる多剤併用です。

　例えば、関節痛などで整形外科を受診した場合、消炎鎮痛剤を処方されることも多いのですが、同時に胃痛などで内科を受診した場合、同じような効果の消炎

鎮痛剤が処方されていることも珍しくありません。

　あらかじめ、かかりつけ薬局を決めている場合は、同じような効果の薬の重複を避けることができますが、一般的に、それぞれの医療機関の門前の薬局において薬を処方してもらうことが多いと思います。その場合、薬の重複処方を予防するため「お薬手帳」が大きな役割を果たすのですが、受診ごとに「お薬手帳」を確実に持参することが難しくなっている高齢者も少なくありません。

　このため、受診科で処方されている薬剤の把握をすることは、ケアマネジャーの大切な役割です。

服薬変更などに注意

　担当する要介護高齢者が受診をして、内服薬の種類の変更や減量、増量などの変化が生じた際には、援助しているチームで情報を共有することが大切です。例えば、この数日で、立ち上がりの際にふらつくことが多く、転倒することが増えた。また、「いつもと異なるぼーっとした表情で活気がない」などの変化が見られた場合には、内服薬が変更されたことによる副作用を疑ってみる必要があります。

　このように、ケアマネジャーは、ヘルパーやデイサービス等のスタッフと日常生活における情報交換を密に行い、内服薬が変更された場合はチームでモニタリングを行う視点が不可欠です。また、ケアマネジャーは、日ごろから内服薬の種類を把握するだけでなく、残数等にも気を配る必要があります。例えば、内服薬を見せてもらうと、日数と残薬が合わないことがよくあり、残薬が多い場合は飲み忘れで、内服薬が不足している場合は重複服用が考えられます。

・多剤併用が起こらないように注意しましょう。
・服薬変更の情報はチームで共有し、チームで副作用をモニタリングします。
・市販薬やサプリメントの服用の把握も大切です。

09 リスクを見極める❸ 転倒のリスク

> **POINT**
> 筋力の低下が及ぼすリスクは
> とても重要です。

転倒のリスク

　高齢社会白書によると、高齢者では住宅内における事故の発生割合が高く、場所別にみると、「居室」が45.0％と最も多く、次いで「階段」18.7％、「台所・食堂」17.0％の順となっています。転倒が原因でそのまま寝たきりになる例は決して少なくなく、「骨折・転倒」が認定理由全体の約10％を占めているのです。

　転倒の原因として第一に挙げられるのが、加齢に伴う運動機能の低下です。歩幅が小さくなることによって、わずかな段差でもつまずくことが多くなり、場合によっては段差の無い床でも転倒してしまうことがあります。また、振り返る際に体勢を崩すことや筋力低下でふらついたりして転倒するケースが目立ちます。

　このため、室内における日常の移動の動線上に、このようなリスクがないか点検する視点が大切です。例えば、室内に新聞や雑誌が散乱している場合やカーペットなどがきちんと敷かれていない場合など、それを踏んで転倒することが予測できます。他にもスリッパによって段差につまずくこともあるので、状況によってはスリッパを履くのを控えるという選択もありえます。特に、車いすを利用している場合や視聴覚障害がある場合などは、通路に物を置かない、掃除などで動かした物は必ず元に戻しておくことを厳守するなど、特段の配慮が必要となるため、担当のヘルパーと十分な情報交換を図ることが必要です。

　また、利用者が日常的に行っている掃除などについても範囲と方法について確認することが必要です。下肢の筋力が低下している状態で、浴槽の掃除を行おう

として転倒して骨折することもあるため、利用者の身体的な能力と掃除動作のリスクを確認し、的確に判断する必要があります。

睡眠障害や睡眠薬のリスク

　高齢者の中には睡眠障害を訴える人も多く、症状によっては睡眠薬を処方され服用している人も少なくありません。また、高齢者の多くが、夜間の排泄のために目を覚ますことがあり、その際、睡眠薬を服用していると、トイレに行く際にふらついて転倒することも珍しくありません。

　このため、利用者が睡眠薬を常用してふらつきによる転倒が危惧される場合は、夜間の排泄の頻度などを把握して、寝室とトイレの位置関係などにも気を配るとともに、主治医や薬剤師に相談して投薬量を変えてもらうことや夜間のみポータブルトイレの導入を検討してみることも効果的です。

まとめ
- 転倒のリスクはさまざまなところに潜んでいます。
- 転倒・骨折が寝たきりにつながる等のリスクについてもきちんと説明しましょう。

10 リスクを見極める❹
認知症高齢者の徘徊のリスク

POINT
転倒リスクと同様に危険度の高い徘徊（ひとり歩き）のリスクについて押さえておきましょう。

徘徊（ひとり歩き）のリスク

　認知症の人の中には、見当識障害や記憶障害などの中核症状出現の影響やストレスなどによって、絶えず歩き回る「徘徊」が起こることがあります。家から外に出て徘徊を行うようになると事故や行方不明という事態になる可能性も出てきます。

　警視庁によると、2016年における「認知症または認知症の疑い」による行方不明者数は1万5千人を超えており、地域住民や警察に保護されたとしても、認知症が進んでいた場合、自分の名前や住所などが的確に答えられないことも多いため、どこの誰なのかを突き止めるのが難しくなっています。

　認知症では周りを気にかけたり、注意することが難しくなるので、車が来ていても道路の真ん中を歩いたり、時には線路内に入ることもあり、事故に遭う危険を伴います。また、夏の炎天下では、脱水症状を起こす危険もあります。

　徘徊の発生は、本人にとって時には命にかかわることであり、家族の精神的負担も大変大きくなります。

　しかしながら、本人にとって徘徊には目的があり、多くは何かを探しているケースであることから、徘徊を無理やり止めたり、責めるような口調で注意したりせず、落ち着くまで一緒に歩いたり、気持ちを逸らす努力も大切です。

　このため、周りの人に迷惑がかかると思い込まずに、近所の方や交番、民生委員などにもあらかじめ周知して、外で見かけた場合には家族に連絡が来るよう手

配しておくことが重要です。

見守りネットワーク、便利アイテムの活用

　自治体では、徘徊者に対して見守りネットワークサービスを始めています。事前に登録を行い、徘徊発生時に連絡することで、発見の協力をしてもらうことができます。

　1人で外に出てしまう場合は、GPS機能のついた小さなアクセサリーなども販売されているので、利用をお勧めします。また、服の内側や靴などに名前と連絡先を書いたワッペンのようなものをつけておくのも効果的です。

　また、デイサービスなどで出かける習慣があると、家で落ち着く場合があります。家族の負担を軽くするためにも、外部サービスの活用は有効です。

- 徘徊（ひとり歩き）は命にかかわることもありえるので、特段の注意が必要です。
- 徘徊（ひとり歩き）には本人なりの目的が必ずありますので、それを探るようにします。

11 家族アセスメント

POINT
家族を知ることが
利用者理解にもつながります。

介護保険制度の理念とケアマネジメント

　介護保険制度では、「利用者本位」の理念のもと、個別性の高い質の高いケアマネジメントの実践が求められています。その中心に「個の尊厳、その人らしさの具現化、実現」があります。ケアマネジメントの中心は利用者本人であり、個に焦点を当てるわけですが、「人間は社会的動物である」といわれるように、人は他者との関係において存在しており、一人で生きていくことはできません。「人（あなた、私）」を形成する要素には、周囲の人とのかかわり、文化、歴史などさまざまなものがあり、それらが絡みあい紡がれることで、今の「あなたと私」が存在します。人間形成において出生からの親子関係、家族関係が出発点になり、人は、社会の中で成長します。人を理解すること、本人を理解することの土台に、「人間は社会的動物である」ことを踏まえ、アセスメントをすることが大切です。

本人理解につなげる家族アセスメント

　まず、自分のこととして考えてみてください。
　あなたは、今何歳で、生まれた家のある場所や環境はどうでしたか？　生まれた時の両親の年齢や職業、育児、養育、教育への考え方、両親の親（あなたからみた祖父、祖母）、兄弟の人数など、自分自身のこれまでを振り返ってみても、たくさんの生活情報があり、そして、ライフイベントがあったことでしょう。そ

のつど、自己決定や他者の後押しなどがあり、人との多くのかかわりの中で今の自分があることを再認識されると思います。

これと同様にケアマネジメントを必要とする利用者に初めて出会った時に、その人の人生、歩んできた歴史の上に今があり、その人の歴史には必ず家族が存在する（生存に限らず人格形成への確固たる存在として）ことを踏まえ、本人理解を深めましょう。

家族アセスメントの考え方、視点

高齢者は、長い時間、多様な経験を積み重ねて今日に至っています。

利用者がどんな人生を生きてこられたのか、例えば、学業・就学、就職、転職、恋愛、結婚、離婚、失業、転居、事故、戦争、災害などのライフイベントについて確認し、本人らしさを探りましょう。

さらに、生きてきた時代背景や当時の文化、生まれ育った土地の慣習、風土、風習、家族の価値観なども確認できるとなおよいでしょう。

その人らしさ

　人とのかかわりの中でこそ、その人らしさ、輝く瞬間が見えてきます。家族の歴史や家族の中の本人の役割など暮らしの中で形成されるその人像があります。人は、地域社会の中で町内会、自治会、学校、会社、商店、病院などさまざまな機関との多様なかかわりにおいて、その人がもてる力を発揮し、その人らしさを生み出しています。人間は、社会的動物であり、一人では生きられません。一人ひとりがもっている力、強みも、多様な人とのかかわりの中で形成されるものです。料理が得意、音楽（例：ピアノ、フルート）、ダンスなど、見てくれる人、食べてくれる人、見せる人、教える人など、いずれも関係する人々や機関、機会があってこそ、強み（ストレングス）が活かされ、存在意義と価値が生み出されるものです。

ジェノグラムから家族を理解する

　ジェノグラムは家族関係を理解するために作成する図で、家族図ともいいます。アセスメント（見立て）において課題を整理したり、介入方針を立てたりする際に活用します（図表4-8）。

　家族がどのようにして現在の状況に至ったのか、家族構成や家族内の関係を記号により図式化します。図に年齢、職業、家族間の関係などの情報を記載し、複雑な人間関係、課題の背景の理解を深め、仮説を立てて支援の方向性を考えることができます。

生活史とエコマップの活用

　ジェノグラムや生活史、エコマップなどにより、本人の置かれている現状、機能不全を起こしている家族システムなどをひもとき、生活課題の顕在化、本人の望む生活、家族の意向など、情報の統合分析を行いながら現状の査定（アセスメント）を行い、家族支援につなげます。

　大切なことは、家族一人ひとり、それぞれの生活、価値観、意思など個別の情

11 家族アセスメント

図表4-8 ジェノグラム

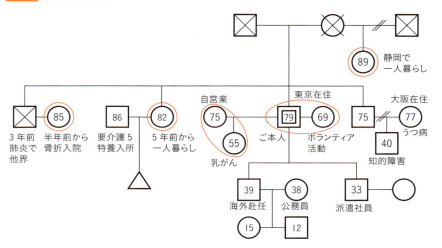

報を確認することや家族の相互関係、課題解決の仕方、家族間の役割などの家族システムをアセスメントし、理解を深めることです。

利用者本人の自己実現、目標を柱にしながら、家族それぞれの意思、意向、自己決定を尊重したケアマネジメントを行うことが大切です。

> **まとめ**
> - ジェノグラムや生活史、エコマップを活用して家族を理解します。
> - 家族一人ひとりの生活と価値、感情、意見などを確認し、アセスメントの技術力を高めましょう。

12 地域アセスメント

> **POINT**
> 地域のアセスメントでは地域資源の把握と
> ネットワーク化がポイントです。

ケアマネジメントの本質

　私たちには、地域包括ケアシステムの中で、利用者の幸福の実現を目指すケアマネジメントを実践していくことが求められています。なぜならば、ケアマネジメントの本質は、利用者の幸福を追求していくことにあるからです。住み慣れた地域で自分らしく暮らし続けることを支援するために専門職としてさまざまな手法で支援を行っていくわけですが、その手法の一つに地域アセスメントがあります。

地域アセスメントの意味

　ケアプランは、あくまでも本人のものであり、その人らしく暮らすための「暮らしのデザイン」です。人は、地域社会の中で町内会、自治会、学校、会社、商店、病院などさまざまな機関との多様なかかわりの中で、その人らしさ、その人がもつ力の発揮が可能になります。利用者の望む生活を実現するためには、利用者と家族の暮らしの基盤となる地域の特性を知ることが重要です。こうした視点から、地域アセスメントとして、社会資源の把握と地域課題、言い換えれば、地域に潜在しているニーズの把握を行っていく必要があります。

地域アセスメントに必要な情報とアセスメントの視点

利用者が暮らす地域を政策・制度から見てみましょう。

政策、制度設計には、地域住民の基礎データがもとになります。高齢者、障害者施策を作るもとの基礎データから地域を見てみましょう。データというのは、利用者が住む自治体の総人口や高齢化率、要介護認定率、自治体の組織体制（高齢者施策、障害者施策、生活保護などにかかる組織体制など）です。

人口、高齢化率、要介護認定率など、基本的なデータは、地域の特徴を数字で示す客観的な情報です。経年変化は地域社会の変化も表します。利用者個人の生活を支える基盤として、その地域の特徴、特性を知る第一歩です。

また、その地域にどのような施策があるかも大切な視点です。例えば、相談窓口（高齢者、障害児・者、児童、医療、法律など生活全般）や自治体の高齢者施策、介護保険サービス、障害者施策、生活保護に関する施策、児童に関する施策、などです。さらに、その地域にどのような地域資源があるかも調べましょう。

□相談窓口
区・市役所の高齢者支援の所管課、地域包括支援センター、社会福祉協議会、居宅介護支援事業所

□保健・医療・福祉関連の機関・団体など
保健所、保健相談所、医療連携センター

□サービス事業所など
居宅介護支援　訪問介護　訪問入浴介護　訪問看護
訪問リハビリテーション　通所介護　通所リハビリテーション
居宅療養管理指導　福祉用具貸与　特定福祉用具販売　住宅改修
介護老人福祉施設　介護老人保健施設　介護療養型医療施設　介護医療院
短期入所生活介護　短期入所療養介護　特定施設入居者生活介護
小規模多機能型居宅介護　夜間対応型訪問介護　など

□民生児童委員（民生委員協議会）

このような機関やサービス等の機能、役割などを理解し、ケアマネジメントへ位置づけ、活用することが大切です。

インフォーマルな地域資源

インフォーマルな地域資源とは、ボランティアグループ、NPO、当事者団体、自治会、町内会、サロン、住民組織の自主活動などをいいますが、地域住民が独自に、高齢者の見守り、健康増進、介護予防、生活支援、福祉活動などに取り組んでいる場合もあります。地域住民の活動は、利用者のその人らしい暮らしを支援する大きな力になります。

地域包括ケアの深化・推進に向けて

地域包括ケアの推進には、地域の資源のネットワーク化(関係づくり)が大切です。

利用者の望む生活の実現、その人らしさ、力の発揮が可能になるように、地域アセスメントから見えた地域の力(地域資源)をケアマネジメントの実践に活かしましょう。また、利用者のニーズに合う社会資源が不足している場合は、資源開発の視点も大切です。地域ケア会議等を通し、個別事例の検討から地域課題の抽出、政策提言へとつながるよう取り組んでいきましょう。

図表4-9 地域アセスメントのポイント

- 地域のネットワーク化 ・新たなサービスの開発
- 地域サービスの発掘 ・地域力の向上 等

↑ ↑

| 社会資源(地域資源)の把握 | 個別課題→地域課題へ転換 |

まとめ
- 地域包括ケアの深化・推進に向けて、資源のネットワーク化と、不足する資源の開発も視野に入れた取り組みを行っていきましょう。

アセスメントの展開

5

CONTENTS

01 1年目と主任ケアマネジャーのアセスメントから考える
02 アセスメントの実際❶1年目のアセスメント
03 アセスメントの実際❷主任ケアマネジャーのアセスメント

01 １年目と主任ケアマネジャーのアセスメントから考える

インテーク面接でのアセスメント

　ここまで、課題分析標準項目を中心にアセスメントの手法を解説してきました。ここでは、１年目のケアマネジャーと主任ケアマネジャーのインテーク面接におけるアセスメントの実際の比較から学んでいきましょう。同じ利用者（Ａさん）に対するアセスメントです。なお、ここでは、全社協方式のシートを使用しています。

　02は典型的な経験１年未満のケアマネジャーのアセスメントで、**03**が主任ケアマネジャーのアセスメントです。それぞれ最後にアセスメントへの総括を加えていますが、つぶさには解説していません。

　それぞれの視点で主任は何を見ているか、１年目ケアマネジャーは何を見て、何を見れていないかを読み取ってみてください

ケース紹介

　以下に本章で取り上げるケースを紹介します。

> **ケース**
>
> 　Ａさんは、80歳の女性で独居です。近隣に住んでいるＡさんの長女はフルタイムで仕事をしているため、Ａさんの様子をなかなか見に行くことができずにとても心配していましたが、数年前より曜日を間違えることなどが目立つようになったため、地域包括支援センターに相談して介護保険の申請手続きを行うこととしました。
>
> 　その結果、要支援２と認定され、介護予防の通所介護サービスの利用が始まると、その後しばらくは生活にリズムや変化が生まれて認知レベルもよい方向で維持できているように見えました。
>
> 　しかしながら、この１か月前に風邪をこじらせて肺炎となってしまったことを契機に家に閉じこもりがちとなり、同じものを買ってくる、着替えをしていないなど生活のさまざまな場面で綻びが目立つようになりました。
>
> 　そのような中で、ある日、調理中に鍋を焦がして火災報知機が鳴るなど、近隣の方を巻き込む騒動があり、それ以降、Ａさんは調理をすることに自信をなくした様子で、キッチンに立つこともしなくなりました。長女は、「自分の家で一緒に暮らそう」と誘いましたが、本人は頑なに「自分の家で暮らしたい」と繰り返すばかりでした。

> このようなこともあって、長女が介護予防担当のケアマネジャーと相談をして変更申請を行った結果、要介護1と認定され、居宅介護支援サービスが地域包括支援センターから居宅介護支援事業所へと変更されました。

担当ケアマネジャーのインテーク面接までのプロセス

　Aさんは、区分変更申請（更新申請）の結果、要支援2から要介護1に認定区分が変更となり、この際、長女の意向で地域包括支援センターから居宅介護支援事業所へと担当が切り替わりました。

　そこで新たに担当となったケアマネジャーは、地域包括支援センターへ出向き、前任のケアマネジャーからAさんの案件の引き継ぎを受けました。その中で、介護予防サービスの利用状況や居宅での生活の様子などを聞き取り、「娘さんがしっかりサポートしてくださる家庭なので、なんら問題のない方です」という前任者の言葉にすっかり安心し、「これなら特に問題なくインテーク面接を迎えることができるな」と思いました。

　その後、長女同席のもと行われたAさんのインテーク面接で、Aさんはリビングのソファーから立ち上がったり、座ったりと少し落ち着かない様子でした。そして、ケアマネジャーの自己紹介が終わったとたん、長女は、「母が認知症になってしまって……本当に大変なんですよ」と険しい表情で思いを口にし、長女の感じている困りごとを訴え始めたのでした。

　このようにして始まった面接の結果、次ページからのアセスメント内容となりました。
　ケースの中に気になる点があると思います。そうしたポイントを押さえたアセスメントになっているかどうか、確認しながら読み進めてください。

02 アセスメントの実際❶
1年目のアセスメント

1 フェースシート

　　　年　　　月　　　日相談受付　｜訪問・電話・来所・その他（　　　　　）　初回相談受付者　○○○○

本人氏名	Aさん				男・⊛	年齢	M T ⓢ	年　　月　　日生れ（80歳）
住　所	〒					☎ 携帯		
緊急連絡先	氏名				男・女	年齢（　　歳）	本人との続柄（　　　　）	
	住所					☎ 携帯		
相談者	氏名 ○山○美				男・⊛	年齢（55歳）	本人との続柄（　長女　）	
	住所					☎ 携帯		
相談経路（紹介者）								
居宅サービス計画作成依頼の届出	届出年月日　　　年　　月　　日							

■相談内容（主訴／本人・家族の希望・困っていることや不安、思い）

（本人）
物忘れがあり、娘に色々と負担をかけている。
ヘルパーさんに来てもらって色々と手助け
して欲しい。

（家族および介護者）
長女：認知症になり生活がきちんと送れていない。
火災報知器が鳴り周囲の方に心配をかけて以降、
調理もしなくなったので心配。

■これまでの生活の経過（主な生活史）

本人、教師として定年まで働く。夫は15年前
に亡くなる。夫も教師だった。定年後は夫婦
で旅行に行っていた。

介護保険	利用者負担割合　☑1割　□2割　□3割	後期高齢者医療保険（75歳以上）	一部負担金	☑1割負担　□3割負担
高額介護サービス費該当	利用者負担　（　□第5段階　□第4段階　□第3段階　□第2段階　□第1段階　）			
要介護認定	済　　➡　非該当・要支援　1・2　要介護　①・2・3・4・5　　認定日　　年　　月　　日 未（見込み）➡　非該当・要支援　1・2　要介護　1・2・3・4・5			
身障手帳	□有　☑無　等級　　　種　　　級　　　　　　　　　交付日　　年　　月			
療育手帳	□有　☑無　程　度　　　　　　　　　　　　　　　　交付日　　年　　月			
精神障害者保健福祉手帳	□有　☑無　等　級　　　　　級　　　　　　　　　　　交付日　　年　　月			
障害福祉サービス受給者証の有無	□有　☑無　自立支援医療　□有　□無　障害程度区分→（　　　　　　　　　）			
日常生活自立度	障害高齢者　自立・①・J2・A1・A2・B1・B2・C1・C2	判定者	（機関名　　　　）	判定日　　年　　月　　日
	認知症　　　自立・Ⅰ・Ⅱa・Ⅱb・Ⅲa・Ⅲb・Ⅳ・M		（機関名　　　　）	年　　月　　日

アセスメント実施日｜（初回）○○年　○○月　○○日｜（更新）　　年　　月　　日

全社協・在宅版ケアプラン作成方法検討委員会作成

2 家族状況とインフォーマルな支援の状況

■家族構成と介護状況

家族構成図	家族の介護の状況・問題点
（家系図） 女性＝○、男性＝□　分かれば横に年齢を記載 本人＝◎、◉ 死亡＝●、■　同居＝（　　）で囲む	長女はフルタイムで就労している。 時間がとれずに忙しい。

氏名（主たる介護者には※）	続柄	同別居	就労の状況	健康状態等	特記事項（自治会、ボランティア等社会的活動）
○山○美	男・(女)	長女	同・(別)	有	良	
	男・女		同・別			
	男・女		同・別			
	男・女		同・別			
	男・女		同・別			

■インフォーマルな支援活用状況（親戚、近隣、友人、同僚、ボランティア、民生委員、自治会等の地域の団体等）

支援提供者	活用している支援内容	特記事項
民生委員	1/M　様子を見に来てくれる	昔からの知り合い

本人が受けたい支援／今後必要になると思われる支援	支援提供者	特記事項

3 サービス利用状況

（　　年　　月　　日時点）

在宅利用（認定調査を行った月のサービス利用回数を記入。（介護予防）福祉用具貸与は調査日時点の、特定（介護予防）福祉用具販売は過去6カ月の品目数を記載）

- □ 訪問介護（ホームヘルプサービス）　　月　　回
- □（介護予防）訪問入浴介護　　月　　回
- □（介護予防）訪問看護　　月　　回
- □（介護予防）訪問リハビリテーション　　月　　回
- □（介護予防）居宅療養管理指導　　月　　回
- ☑ 通所介護（デイサービス）　1 月　4 回
- □（介護予防）通所リハビリテーション（デイケア）　月　　回
- □（介護予防）短期入所生活介護（特養等）　月　　日
- □（介護予防）短期入所療養介護（老健・診療所）　月　　日
- □（介護予防）特定施設入居者生活介護　　月　　日
- □ 看護小規模多機能型居宅介護　　月　　日
- □（介護予防）福祉用具貸与　　品目
- □ 特定（介護予防）福祉用具販売　　品目
- □ 住宅改修　　あり・なし
- □ 夜間対応型訪問介護　　月　　日
- □（介護予防）認知症対応型通所介護　　月　　日
- □（介護予防）小規模多機能型居宅介護　　月　　日
- □（介護予防）認知症対応型共同生活介護　　月　　日
- □ 定期巡回・随時対応型訪問介護看護　　月　　回

全社協・在宅版ケアプラン作成方法検討委員会作成

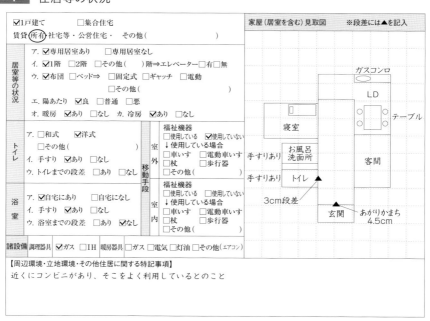

4 住居等の状況

5　本人の健康状態・受診等の状況

既往歴・現症（必要に応じ「主治医意見書」を転記）	障害等の部位
※要介護状態に関係がある既往歴および現症 ・高血圧症 ・アルツハイマー型認知症	（正面）　△障害部位　×欠損部位　●褥瘡部位

身　長	155 cm	体　重	58 kg

歯の状況	☑歯あり　□歯なし　□総入れ歯　□局部義歯 ⇒6-②生活機能（食事・排泄等）

【特記事項】（病気やけが、障害等に関わる事項、改善の可能性等）
8年前に脳梗塞を発症した。
両膝の変形性膝関節症があり、歩く時に痛みがある。

主治医からの指導・助言事項。視力障害、聴力障害、麻痺、関節の動き、褥瘡、その他皮膚疾患（以上要介護認定項目）、外傷、内部障害、言語障害、動悸・息切れ、便秘、尿失禁、便失禁、摂食嚥下障害、口腔（炎症・痛み・出血・口臭・虫歯・不良義歯等）に留意のこと。

現在の受診状況（歯科含む）

病　名	高血圧症	アルツハイマー型認知症		
薬の有無	☑有　□無	☑有　□無	□有　□無	□有　□無
受診状況 発症時期 ※主治医意見書を参考に記入	不明	○○年		
受診頻度	☑定期（週・⑨・1回） □不定期	☑定期（週・⑨・1回） □不定期	□定期（週・月　　回） □不定期	□定期（週・月　　回） □不定期
受診状況	☑通院　□往診	☑通院　□往診	□通院　□往診	□通院　□往診
受診病院 医療機関	Bクリニック	C病院		
診療科		脳神経内科		
主治医				
連絡先	☎	☎	☎	☎
受診方法 留意点等				

往診可能な医療機関	□無　□有（　　　　　　　　　　　　）☎
緊急入院できる医療機関	□無　□有（　　　　　　　　　　　　）☎
相談、処方を受けている薬局 （かかりつけ薬局）	□無　☑有（D薬局　　　　　　　　　）☎

【特記、生活上配慮すべき課題など】
・本人は服薬はできていると言われる
・受診は長女が同行している

全社協・在宅版ケアプラン作成方法検討委員会作成

6 本人の基本動作等の状況と援助内容の詳細

●6-①基本（身体機能・起居）動作

要介護認定項目			
	1-1	麻痺等（複数可）	①2 3 4 5 6
	1-2	拘縮（複数可）	①2 3 4 5
	1-3	寝返り	1 ② 3
	1-4	起き上がり	1 ② 3
	1-5	座位保持	1 2 ③ 4
	1-6	両足での立位保持	①2 3
	1-7	歩行	①2 3
	1-8	立ち上がり	1 ② 3
	1-9	片足での立位保持	①2 3
	1-10	洗身	1 2 3 ④
	1-11	つめ切り	1 2 ③
	1-12	視力	1 ② 3 4 5
	1-13	聴力	①2 3 4 5
	1-14	関節の動き（複数可）	1 ② ③ ④ 5 6 7

現在、家族が実施している場合は○
時々実施の場合は△

現在、在宅サービス等で実施している場合○

本人・家族がサービス実施を希望する場合○

要援助と判断される場合に✓
計画した場合に○（確認）

体位変換・起居

6-①1-1、1-2関係	援助の現状		希望	要援助→計画
	家族実施	サービス実施		
1）体位変換介助				
2）起居介助	○	○	○	✓

リハビリの必要性
☑あり→P9
□なし

6-①基本（身体機能・起居）動作（1-10、1-12、1-13は別記）
【特記、解決すべき課題など】
布団で寝起きしているので起居動作が大変。
布団の端をもって寝返りをしている。

入浴

6-①1-10関係	援助の現状		希望	要援助→計画
	家族実施	サービス実施		
1）準備・後始末		○	○	✓
2）移乗移動介助				
3）洗身介助		○	○	✓
4）洗髪介助		○	○	✓
5）清拭・部分浴				
6）褥瘡・皮膚疾患の対応				

2）移乗移動介助	
現　状	計　画
□見守りのみ	□見守り必要
□介助あり	□介助必要

3）洗身介助	
☑見守りのみ	☑見守り必要
☑介助あり	☑介助必要

【特記、解決すべき課題など】
通所介護で1/W入浴している。
本人は自宅でも入浴していると言われる。自宅の浴槽にシャワーも有り、本人はシャワーをしていると言われる。
デイサービスでは洗髪洗身も自分で行っていると言われる。

＜コミュニケーションの状況・方法（6-①1-12,1-13関係）＞
ア．視聴覚
　□眼鏡使用　□コンタクト使用　□補聴器使用
イ．電話
　☑あり　□なし
ウ．言語障害
　□あり（　　　　　　　）　☑なし
エ．コミュニケーション支援機器の使用
　□あり（　　　　　　　）　☑なし

【特記、解決すべき課題など】
娘さんに電話はかけている。
本人は携帯電話をもっている。

全社協・在宅版ケアプラン作成方法検討委員会作成

02 アセスメントの実際 ❶1年目のアセスメント

5 アセスメントの展開

6-②生活機能（食事・排泄等）

要介護認定項目

2-1	移乗	① 2 3 4
2-2	移動	① 2 3 4
2-3	えん下	① 2 3
2-4	食事摂取	① 2 3 4
2-5	排尿	① 2 3 4
2-6	排便	① 2 3 4
2-7	口腔清潔	① 2 3
2-8	洗顔	① 2 3
2-9	整髪	① 2 3
2-10	上衣の着脱	① 2 3 4
2-11	ズボン等の着脱	① 2 3 4
2-12	外出頻度	1 ② 3
2-13	飲水摂取	① 2 3 4

＜その他食事の現状（6-②2-4関係）＞
ア．食事場所　☑食堂　□居室ベッド上　□布団上　□その他居室内　□その他（　）
イ．食堂までの段差　□あり　☑なし
ウ．咀嚼の状況　☑問題なし　□問題あり
　→　□噛みにくい　□時々噛みにくい　□とても噛みにくい
エ．食事の内容
　☑一般食　□糖尿食　K㌍
　□高血圧食　g　□抗潰瘍食
　□その他（　）

＜その他排泄の状況（6-②2-5, 2-6関係）＞
ア．尿意
　☑ある　□ときどきある　□ない
イ．便意
　☑ある　□ときどきある　□ない

食事

6-②2-1〜2-4関係	援助の現状 家族実施	サービス実施	希望	要援助→計画
1）移乗介助				
2）移動介助				
3）摂取介助	○	○	○	✓

【特記、解決すべき課題など】
・食事は自分で食べられる。
・食事内容が偏っていることがある。

主食	
現状	計画
☑普通食	☑普通食
□粥食	□粥食
□経口栄養	□経口栄養
□経管栄養	□経管栄養
□その他	□その他
（　）	（　）

副食	
現状	計画
☑普通食	☑普通食
□刻み食	□刻み食
□ミキサー食	□ミキサー食
□その他	□その他
（　）	（　）

摂取介助	
□見守りのみ	□見守り必要
□介助あり	□介助必要

排泄等

6-②2-5〜2-11関係	援助の現状 家族実施	サービス実施	希望	要援助→計画
1）準備・後始末				
2）移乗移動介助				
3）排尿介助				
4）排便介助				
5）口腔清潔介助				
6）洗面介助				
7）整容介助				
8）更衣介助		✓	⊘	✓

【特記、解決すべき課題など】
尿意、便意あり。トイレで排泄している。

排尿介助（2-5）	
現状	計画
□見守りのみ	□見守り必要
□介助あり	□介助必要
□トイレ	□トイレ
□ポータブルトイレ	□ポータブルトイレ
□尿取器	□尿取器
□導尿	□導尿
□おむつ	□おむつ

排便介助（2-6）	
現状	計画
□見守りのみ	□見守り必要
□介助あり	□介助必要
☑トイレ	☑トイレ
□ポータブルトイレ	□ポータブルトイレ
□差し込み便器	□差し込み便器
□おむつ	□おむつ
□摘便	□摘便
□浣腸	□浣腸
□人工肛門	□人工肛門

外出

6-②2-12関係	援助の現状 家族実施	サービス実施	希望	要援助→計画
1）移送・外出介助				

【特記、解決すべき課題など】
長女と受診している。

全社協・在宅版ケアプラン作成方法検討委員会作成

6-③ 認知機能

要介護認定項目	3-1	意思の伝達	1	②	3	4
	3-2	毎日の日課を理解する	1	②		
	3-3	生年月日や年齢を答える	①	2		
	3-4	面接調査の直前記憶	1	②		
	3-5	自分の名前を答える	①	2		
	3-6	今の季節を理解する	1	②		
	3-7	自分のいる場所を答える	①	2		
	3-8	徘徊	①	2	3	
	3-9	外出すると戻れない（迷子）	①	2	3	
	3-10	介護者の発言への反応	①	2	3	

●6-④ 精神・行動障害

要介護認定項目	4-1	被害妄想(物を盗られたなど)	①	2	3
	4-2	作話をする	①	2	3
	4-3	感情が不安定になる	①	2	3
	4-4	昼夜の逆転	①	2	3
	4-5	しつこく同じ話をする	①	2	3
	4-6	大声を出す	①	2	3
	4-7	介護に抵抗する	①	2	3
	4-8	落ち着きがない(「家に帰る」等)	①	2	3
	4-9	外に出たがり目が離せない	①	2	3
	4-10	ものを集める、無断でもってくる	①	2	3
	4-11	物を壊す、衣類を破く	①	2	3
	4-12	ひどい物忘れ	1	2	③
	4-13	独り言や独り笑い	①	2	3
	4-14	自分勝手な行動	①	2	3
	4-15	話がまとまらない、会話にならない	①	2	3
	4-16	幻視・幻聴	①	2	3
	4-17	暴言・暴力	①	2	3
	4-18	目的なく動き回る	①	2	3
	4-19	火の始末・管理	①	2	3
	4-20	不潔行為	①	2	3
	4-21	異食行動	①	2	3

6-③ 認知機能、6-④ 精神・行動障害　全般

家族等からの情報と観察
- 鍋焦がしがあり、それ以降調理は行っていない
- ごはんは自分で炊いている
- 洋服は声かけしないとなかなか着替えない
- 家が散らかっているので、片づけができなくなってきている

援助の現状

（家族）
声かけして着替えや入浴をしている

（サービス）

援助の希望（本人）
- 自分でできるので大丈夫
- 娘の迷惑になっていないか心配

援助の希望（家族）
身なりをきちんとして欲しい。洋服を準備していても着替えていないこともある。ヘルパーさんに入ってもらいたい

援助の計画
- ヘルパーによる声かけ、洋服の準備などが必要
- ヘルパーによる掃除の支援が必要

【特記、解決すべき課題など】
着替えをきちんとする

全社協・在宅版ケアプラン作成方法検討委員会作成

●6-⑤社会生活（への適応）力

要介護認定項目				
	5-1	薬の内服	1 ②　3	
	5-2	金銭の管理	1 ②　3	
	5-3	日常の意思決定	1 ②　3　4	
	5-4	集団への不適応	①　2　3	
	5-5	買い物	1 ②　3　4	
	5-6	簡単な調理	1 ②　3　4	
	5-7	電話の利用	①　2　3	
	5-8	日中の活動(生活)状況等	1 ②　3	
	5-9	家族・居住環境、社会参加の状況などの変化	1 ②	

→ 6-⑥医療・健康関係へ

6-⑤5-2、5-5〜5-6関係	援助の現状		希望	要援助→計画
	家族実施	サービス実施		
1) 金銭管理	✓			
2) 買い物	✓			
3) 調理		✓	✓	✓
4) 準備・後始末		✓	✓	✓

6-⑤5-7〜5-8関係	援助の現状		希望	要援助→計画
	家族実施	サービス実施		
1) 定期的な相談・助言				
2) 各種書類作成代行				
3) 余暇活動支援				
4) 移送・外出介助				
5) 代読・代筆				
6) 話し相手				
7) 安否確認				
8) 緊急連絡手段の確保				
9) 家族連絡の確保				
10) 社会活動への支援				

＜社会活動の状況（6-⑤5-8、5-9関係）＞

ア．家族等近親者との交流
　☑あり（　　　　　　　　）　□なし
イ．地域近隣との交流
　☑あり（　　　　　　　　）　□なし
ウ．友人知人との交流
　☑あり（　　　　　　　　）　□なし

緊急連絡・見守りの方法	娘さん

【特記、解決すべき課題など】
・金銭管理：娘さんが行っている。本人はコンビニに行く程度の買物しかしない
・調理：炊飯は自分で行っている。コンビニでお惣菜を購入して食べている
・デイサービス1/W→デイサービスの利用を増やす必要がある
・ヘルパーさんに生活支援で掃除をしてもらう

全社協・在宅版ケアプラン作成方法検討委員会作成

●6- ⑥医療・健康関係　　　　　　　　　　　　　　　　　　　※計画をする際には主治医の意見を求める必要あり

			援助の現状		希望	要援助 →計画			現状	計画	具体的内容
			家族実施	サービス実施							

要介護認定項目

処置内容
1. 点滴の管理
2. 中心静脈栄養
3. 透析
4. ストーマ(人工肛門)の処置
5. 酸素療法
6. レスピレーター(人工呼吸器)
7. 気管切開の処置
8. 疼痛の看護
9. 経管栄養

特別な対応
10. モニター測定(血圧、心拍、酸素飽和度等)
11. じょくそうの処置
12. カテーテル(コンドームカテーテル、留置カテーテル、ウロストーマ等)

援助項目:
1) 測定・観察
2) 薬剤の管理
3) 薬剤の使用
4) 受診・検査介助
5) リハビリテーション
6) 医療処置の管理

【特記、生活上配慮すべき課題など】

具体的内容:
- バイタルサインのチェック
- 定期的な病状観察
- 内服薬
- 坐薬(緩下剤、解熱剤等)
- 眼・耳・鼻等の外用薬の使用等
- 温・冷あん法、湿布貼付等
- 注射
- 吸引
- 吸入
- 自己注射(インスリン療法)
- 経管栄養法
- 中心静脈栄養法
- 酸素療法
- 人工呼吸療法
- 気管カニューレ管理
- 自己導尿
- 自己腹膜灌流
- 膀胱留置カテーテル管理
- 人工肛門・人工膀胱管理
- 疼痛管理
- 褥瘡管理

介護に関する医師の意見(「主治医意見書」を転記)

(1)移動
- 屋外歩行　　　　　☑自立　　　□介助があればしている　　□していない
- 車いすの使用　　　☑用いていない　□主に自分で操作している　□主に他人が操作している
- 歩行補助具・装具の使用 (複数選択可)　☑用いていない　□屋外で使用　□屋内で使用

(2)栄養・食生活
- 食事行為　　　　　☑自立ないし何とか自分で食べられる　□全面介助
- 現在の栄養状態　　☑良好　　　□不良
- → 栄養・食生活上の留意点 (　　　　　　　　　　　　　　　　　　　　　)

(3)現在あるかまたは今後発生の可能性の高い状態とその対処方針
□尿失禁　☑転倒・骨折　□移動能力の低下　□褥瘡　□心肺機能の低下　☑閉じこもり　☑意欲低下　□徘徊
□低栄養　□摂食・嚥下機能低下　☑脱水　□易感染性　□がん等による疼痛　□その他(　　　)
→ 対処方針 (　　　　　　　　　　　　　　　　　　　　　　　　　　　　　)

(4)サービス利用による生活機能の維持・改善の見通し
☑期待できる　□期待できない　□不明

(5)医学的管理の必要性(特に必要性の高いものには下線を引いて下さい。予防給付により提供されるサービスを含みます。)
□訪問診療　☑訪問看護　□看護職員による相談・支援　□訪問歯科診療
☑訪問薬剤管理指導　□訪問リハビリテーション　□短期入所療養介護　□訪問歯科衛生指導
□訪問栄養食事指導　□通所リハビリテーション　□その他の医療系サービス(　　　　　　)

(6)サービス提供時における医学的観点からの留意事項
・血圧　□特になし　☑あり(　　　　　　)　・移動　□特になし　☑あり(　　　　　　)
・摂食　□特になし　☑あり(　　　　　　)　・運動　□特になし　☑あり(　　　　　　)
・嚥下　□特になし　☑あり(　　　　　　)　・その他(　　　　　　　　　　　　　　　)

(7)感染症の有無(有の場合は具体的に記入して下さい。)
☑無　□有(　　　　　　　　　　　　)　□不明

全社協・在宅版ケアプラン作成方法検討委員会作成

02 アセスメントの実際 ❶1年目のアセスメント

7　全体のまとめ

身体的	・高血圧症があり継続的な受診と内服薬の服用が必要 ・長女同行で受診ができている。継続して行う必要がある ・着替えができていないのできちんと着替えさせて欲しいと長女の希望があるので、ヘルパーさんの支援を受ける ・アルツハイマー型認知症がある
心理的	・長女に負担をかけずに自宅で暮らしたい
社会的	・交通、買物等の便利なところに住んでいるのでコンビニ等で買物ができる ・金銭管理は長女が行っている ・民生委員は昔からよく知っているので安心

災害時の対応の必要性について ⇒有の場合	必要性の有無	有	無
災害時の連絡先 （家族以外／民生委員等）	(氏名) TEL. メール	(本人との関係) FAX.	
備考			

権利擁護に関する対応の必要性について ⇒有の場合	必要性の有無	有	無
備考			

全社協・在宅版ケアプラン作成方法検討委員会作成

5 アセスメントの展開

■ 1日のスケジュール

時刻	本人の生活リズム	①本人が自分でしていること ②したいと思っていること (好み)	援助の現状		要援助と判断される場合に✔ 計画した場合に○(確認)
			家族実施	サービス実施	
深夜 4					
5					
6					
早朝 7	□				
8	△	①パンと牛乳程度 自分で用意			
9					
午前 10					
11					
12					
13	△昼食	買物 コンビニかスーパーで 購入したものを食べる			
14					
午後 15					
16					
17					
18	△夕食				
19					
夜間 20					
21					
22	■				
23					
24					
深夜 1					
2					
3					
4					

◎：排便　△：食事　□：起床
○：排尿　☆：入浴　■：就寝

全社協・在宅版ケアプラン作成方法検討委員会作成

総括
実務経験が１年未満のケアマネジャーのアセスメント内容の評価

　アセスメントの必要項目については、一応網羅して情報収集されていますが、表面的で個別性が乏しく、この内容ではＡさんの生活を把握することは難しいと思います。

　また、これらのアセスメント情報は、担当ケアマネジャーが長女との面接を通して得られたと思われるものが多く、本人の困りごとではなく、長女の困りごとのみを聞くことに終始してしまったように思えます。したがって、本人が発した言葉などの記載はなく、本人が「困っている」「不安に思っている」ことなどに耳を傾けている様子は読み取れません。

　なお、長女がＡさんを目の前にして、初対面のケアマネジャーに対して母親の認知症が進行してきたなどの不安や困惑などの本音を話してくれるとも思えませんので、どうしても表面的な情報収集になってしまうのは当然といえます。

　それでは、担当ケアマネジャーは、どのような点に留意してアセスメントを行えばよかったのでしょうか。アセスメントは面接技術が不可欠であり、聞き出そうとするのではなく、本人や家族の思いを聴くことからスタートします。どのような職業をされていたのか、夫のことや両親のこと、娘さんが幼い頃のことなどの話を引き出して本人が話したい話題について傾聴することで、その人らしさが理解できると思います。また、本人が興味をもって話してくれる言葉の中にストレングスを見つけるヒントが必ずあるはずです。

　この事例では、主任のアセスメントからＡさんが教師の仕事と家庭を両立して定年まで働いたことが明らかとなっていますが、例えば、「娘さんは、Ａさんをとても大切に思っていらっしゃるのですね」などと、話しかけることで、「娘に迷惑をかけたくない。自分も仕事と子育てを両立してきたので、娘の気持ちはよく理解できる」など、Ａさんの生活歴を紐解くヒントが得られたかもしれません。

　一方、長女については、仕事が忙しい中で母親との同居を申し出ている状況が把握されていますが、これからの生活に対しての困惑や不安などを含めた本音を確認することが重要であり、そのためには、Ａさんのいないところで話を聞くなどの配慮やある程度時間をかけて信頼関係の構築に努めていくことが大切です。

03 アセスメントの実際❷ 主任ケアマネジャーのアセスメント

1 フェースシート

　　　年　　月　　日相談受付　｜訪問・電話・来所・その他（　　　）　初回相談受付者　○○○○

本人氏名	Aさん　　　　　　　　　　　男・⦿	年齢	M・T・S　　年　　月　　日生れ（80歳）
住所	〒　　　　　　　　　　　☎／携帯		
緊急連絡先	氏名　　　　　　　　男・女　年齢（　歳）　本人との続柄（　　） 住所　　　　　　　　☎／携帯		
相談者	氏名　○山○美　　　　男・⦿　年齢（55歳）　本人との続柄（長女） 住所　　　　　　　　☎／携帯		
相談経路（紹介者）			
居宅サービス計画作成依頼の届出	届出年月日　　　年　　月　　日		

■相談内容（主訴／本人・家族の希望・困っていることや不安、思い）

（本人）
物忘れがあって時折、わけがわからなくなっている自分がいます。娘に迷惑をかけてしまっていることが申し訳ない。できるだけ多くの方にお手伝いをしてもらってこの家で暮したい。

（家族および介護者）
長女：母と一緒に暮せることが一番よいが、母が同居を望まない。母が思う通りの暮しを続けられるのが一番だと思っている。

■これまでの生活の経過（主な生活史）

本人：三人姉妹の次女として生まれる。小さい時から勉強ができたので、両親が大学に行かせてくれた。教師（中学）として定年まで働く。子育てと仕事の両立で大変だったが充実していた。夫も教師で職場で知り合い結婚。夫は校長まで勤めた。定年後は二人で国内外へ旅行していた。夫は15年前に脳出血で突然亡くなる。それ以降独居。

介護保険	利用者負担割合　☑1割　□2割　□3割	後期高齢者医療保険（75歳以上）	一部負担金　☑1割負担　□3割負担
高額介護サービス費該当	利用者負担　（　□第5段階　□第4段階　□第3段階　□第2段階　□第1段階　）		
要介護認定	済　➡ 非該当・要支援 1・2 要介護 ①・2・3・4・5 未（見込み）➡ 非該当・要支援 1・2 要介護 1・2・3・4・5	認定日	年　　月　　日
身障手帳	□有 ☑無　等級　　種　　級	交付日	年　　月
療育手帳	□有 ☑無　程度	交付日	年　　月
精神障害者保健福祉手帳	□有 ☑無　等級　　級	交付日	年　　月
障害福祉サービス受給者証の有無	□有 ☑無　自立支援医療受給者証の有無 □有 □無　障害程度区分→（　　）		
日常生活自立度	障害高齢者　自立・㋐・J2・A1・A2・B1・B2・C1・C2	判定者（機関名　　）	判定日　年　月　日
	認知症　自立・Ⅰ・Ⅱa・Ⓑ・Ⅲa・Ⅲb・Ⅳ・M	（機関名　　）	年　月　日

アセスメント実施日　（初回）○○年 ○○月 ○○日（更新）　年　　月　　日

全社協・在宅版ケアプラン作成方法検討委員会作成

03 アセスメントの実際 ❷主任ケアマネジャーのアセスメント

2 家族状況とインフォーマルな支援の状況

■家族構成と介護状況

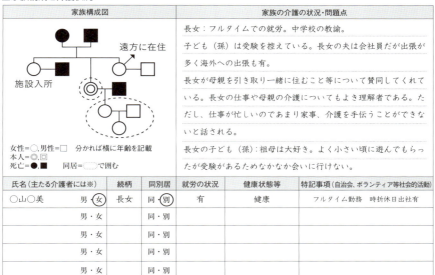

家族構成図	家族の介護の状況・問題点
（家系図） 遠方に在住 施設入所 女性＝○、男性＝□ 分かれば横に年齢を記載 本人＝◎、⊡ 死亡＝●、■ 同居＝（ ）で囲む	長女：フルタイムでの就労。中学校の教諭。 子ども（孫）は受験を控えている。長女の夫は会社員だが出張が多く海外への出張も有。 長女が母親を引き取り一緒に住むこと等について賛同してくれている。長女の仕事や母親の介護についてもよき理解者である。ただし、仕事が忙しいのであまり家事、介護を手伝うことができないと話される。 長女の子ども（孫）：祖母は大好き。よく小さい頃に遊んでもらったが受験があるためなかなか会いに行けない。

氏名（主たる介護者には※）	続柄	同別居	就労の状況	健康状態等	特記事項（自治会、ボランティア等社会的活動）
○山○美 ※	男・⦿女⦿	長女	同・⦿別⦿	有	健康	フルタイム勤務　時折休日出社有
	男・女		同・別			
	男・女		同・別			
	男・女		同・別			

■インフォーマルな支援活用状況（親戚、近隣、友人、同僚、ボランティア、民生委員、自治会等の地域の団体等）

支援提供者	活用している支援内容	特記事項
○川　○子 民生委員S ○木　○美	一緒に民謡クラブへ行ってくれている。 概ね1月1回は親を見に来てくれる。台風の時など、心配してくれる。 元同僚　一緒にお茶のみに行ったり心配事が有ると何度も電話をかける。	クラブの前日にTelしてくれているが当日になると本人忘れていることが多い。 ○木さんからも心配して2〜3回はTelをかけてくれる。

本人が受けたい支援／今後必要になると思われる支援	支援提供者	特記事項
・民謡クラブは継続したい／外出する機会は確保したい	○川　○子	民謡クラブの日には誘い出しを依頼したい
・遠慮せずに不安やグチを聴いてくれる友人	○木　○美	安否確認も含めて

3 サービス利用状況

（○年 ○月 ○日時点）

在宅利用（認定調査を行った月のサービス利用回数を記入。（介護予防）福祉用具貸与は調査日時点の、特定（介護予防）福祉用具販売は過去6カ月の品目数を記載）

□ 訪問介護（ホームヘルプサービス）		月　回	□（介護予防）福祉用具貸与			品目
□（介護予防）訪問入浴介護		月　回	□ 特定（介護予防）福祉用具販売			品目
□（介護予防）訪問看護		月　回	□ 住宅改修			あり・なし
□（介護予防）訪問リハビリテーション		月　回	□ 夜間対応型訪問介護			月　回
□（介護予防）居宅療養管理指導		月　回	□（介護予防）認知症対応型通所介護			月　回
☑ 通所介護（デイサービス）		4/M 回	□（介護予防）小規模多機能型居宅介護			月　回
□（介護予防）通所リハビリテーション（デイケア）		月　回	□（介護予防）認知症対応型共同生活介護			月　回
□（介護予防）短期入所生活介護（特養等）		月　日	□ 定期巡回・随時対応型訪問介護看護			月　回
□（介護予防）短期入所療養介護（老健・診療所）		月　日				
□（介護予防）特定施設入居者生活介護		月　日				
□ 看護小規模多機能型居宅介護		月　日				

全社協・在宅版ケアプラン作成方法検討委員会作成

□配食サービス　　　　　　　　　　　回	□生活支援員の訪問（日常生活自支援事業）　回	
□洗濯サービス　　　　　　　　　　　回	□ふれあい・いきいきサロン　　　　　　　　回	
□移動または外出支援　　　　　　　　回	□市町村特別給付	
□友愛訪問　　　　　　　　　　　　　回	（　　　　　　　　　　　　　　　　　　）	
□老人福祉センター　　　　　　　　　回	□（　　　　　　　　　　　　）　　　　　　回	
□老人憩いの家　　　　　　　　　　　回	□（　　　　　　　　　　　　）　　　　　　回	
□ガイドヘルパー　　　　　　　　　　回		
□身障／補装具・日常生活用具（　　　　　　　　）		

| 直近の入所・入院 | □介護老人福祉施設
□介護老人保健施設
□介護療養型医療施設
□介護医療院
□認知症対応型共同生活介護適用施設（グループホーム）
□特定施設入居者生活介護適用施設（ケアハウス等） | □医療機関（医療保険適用療養病床）
□医療機関（療養病床以外）
□その他の施設 | 施設・機関名
所在地　〒
☎ |

| 制度利用状況 | 年金 | □老齢関係→（　　　　　　　　　）
□障害関係→（　　　　　　　　　）
□遺族・寡婦→（　　　　　　　　） | 健康保険 | □国保
□組合健保
□国公共済
□私立学校共済
□後期高齢者医療 | □協会けんぽ(旧・政管保)
□日雇い
□地方共済
□船員 |
| | □恩給
□特別障害者手当
□生活保護
□生活福祉資金貸付
□高齢者住宅整備資金貸付
□日常生活自立支援事業（地域福祉権利擁護事業）
□成年後見制度⇒　□成年後見　□保佐　□補助
　　　　　　　　　成年後見人等→（　　　　　　　　） | | その他 | □労災保険→（　　　　　　　　　　　　　　）
□（　　　　　　　　　　　　　　　　　　）
□（　　　　　　　　　　　　　　　　　　）
□（　　　　　　　　　　　　　　　　　　） | |

4　住居等の状況

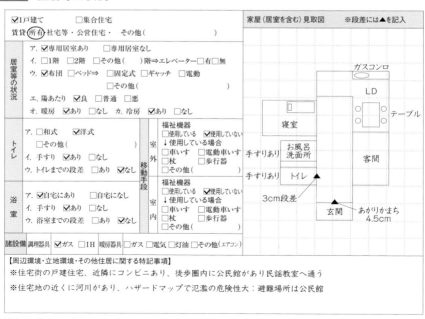

【周辺環境・立地環境・その他住居に関する特記事項】
※住宅街の戸建住宅、近隣にコンビニあり、徒歩圏内に公民館があり民謡教室へ通う
※住宅地の近くに河川があり、ハザードマップで氾濫の危険性大：避難場所は公民館

全社協・在宅版ケアプラン作成方法検討委員会作成

03 アセスメントの実際 ❷ 主任ケアマネジャーのアセスメント

5　本人の健康状態・受診等の状況

既往歴・現症（必要に応じ「主治医意見書」を転記）
※要介護状態に関係がある既往歴および現症 高血圧症（発症不明） アルツハイマー型認知症○○年

障害等の部位
（正面）
△障害部位
×欠損部位
●褥瘡部位

両膝関節変形あり　痛みあり

身　長	155 cm	体　重	58 kg
歯の状況	☑歯あり　□歯なし　□総入れ歯　□局部義歯 ⇒6-②生活機能（食事・排泄等）		

【特記事項】（病気やけが、障害等に関わる事項。改善の可能性等）
8年前に脳梗塞を発症したが軽度だったため後遺症ない。
両膝の変形性膝関節症のため長距離の歩行は休み休み行う。歩行時に体が左右に揺れてバランスが悪い。

主治医からの指導・助言事項。視力障害、聴力障害、麻痺、関節の動き、褥瘡、その他皮膚疾患（以上要介護認定項目）、外傷、内部障害、言語障害、動悸・息切れ、便秘、尿失禁、便失禁、摂食嚥下障害、口腔（炎症・痛み・出血・口臭・虫歯・不良義歯等）に留意のこと。

現在の受診状況（歯科含む）					
病　　名	高血圧症	アルツハイマー型認知症		
薬の有無	☑有　□無	☑有　□無	□有　□無	□有　□無
受診状況	発症時期 ※主治医意見書を参考に記入	不明	○○年		
	受診頻度	☑定期（週・㊊）1回 □不定期	☑定期（週・㊊）1回 □不定期	□定期（週・月　　回） □不定期	□定期（週・月　　回） □不定期
	受診状況	☑通院　□往診	☑通院　□往診	□通院　□往診	□通院　□往診
受診病院	医療機関	Bクリニック	C病院		
	診療科	循環器科	脳神経内科		
	主治医	●●	○○		
	連絡先	☎	☎	☎	☎
受診方法 留意点等	長女同行が望ましい				
往診可能な医療機関	□無　☑有（現在利用ないが近隣に往診可能なクリニック多数有）　☎				
緊急入院できる医療機関	□無　☑有（脳梗塞にてC病院の入院歴あり　　　　　　　）　☎				
相談、処方を受けている薬局 （かかりつけ薬局）	□無　☑有（D薬局　　　　　　　　　　　　　　　　　）　☎				

【特記、生活上配慮すべき課題など】
・高血圧症、認知症薬が一包化されておらずシートのままのため、服薬（残薬が多量）が確実に行われていない
　→一包化を依頼
・水分摂取量が不足（500ml/day）脱水を発症したことがあるため注意が必要

全社協・在宅版ケアプラン作成方法検討委員会作成

6　本人の基本動作等の状況と援助内容の詳細

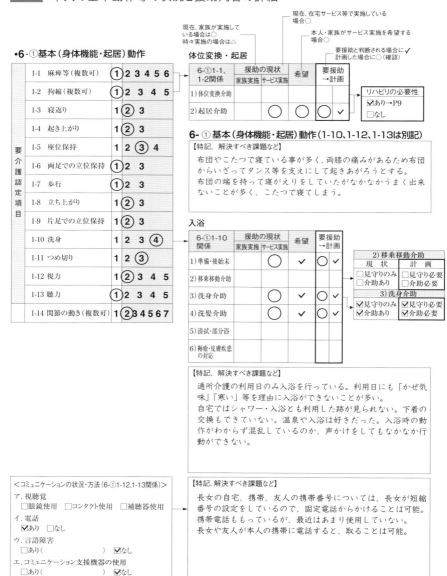

03 アセスメントの実際❷主任ケアマネジャーのアセスメント

5 アセスメントの展開

6-②生活機能（食事・排泄等）

要介護認定項目	項目	評価
	2-1 移乗	① 2 3 4
	2-2 移動	① 2 3 4
	2-3 えん下	① 2 3
	2-4 食事摂取	① 2 3 4
	2-5 排尿	① 2 3 4
	2-6 排便	① 2 3 4
	2-7 口腔清潔	① 2 3
	2-8 洗顔	① 2 3
	2-9 整髪	① 2 3
	2-10 上衣の着脱	① 2 3 4
	2-11 ズボン等の着脱	① 2 3 4
	2-12 外出頻度	1 ② 3
	2-13 飲水摂取	1 ② 3 4

＜その他食事の現況（6-②2-4関係）＞
ア．食事場所　☑食堂　□居室ベッド上
　　□布団上　□その他居室内
　　□その他（　　　　　　）
イ．食堂までの段差　□あり　☑なし
ウ．咀嚼の状況　☑問題なし　□問題あり
　　→　□噛みにくい　□時々噛みにくい
　　　　□とても噛みにくい
エ．食事の内容
　　☑一般食　□糖尿食　　　K
　　□高血圧食　g　□抗潰瘍食
　　□その他（　　　　　　）

＜その他排泄の状況（6-②2-5、2-6関係）＞
ア．尿意
　　☑ある　□ときどきある　□ない
イ．便意
　　☑ある　□ときどきある　□ない

食事

6-②2-1～2-4関係	援助の現状 家族実施／サービス実施	希望	要援助→計画
1) 移乗介助			
2) 移動介助			
3) 摂取介助	○ ○	○	✓

【特記、解決すべき課題など】
・布団で就寝しているため、寝返り、起き上がりに時間を要する。こたつで就寝している
・自費でのベッド導入により円滑に起居動作ができるよう支援が必要
・水分摂取500ml/day少ない、食事も偏り
・ごはんにふりかけだけで済ませることも多い
・口腔ケアは以前より熱心に行っていたので現在も行っているが、就寝前には行っている様子がない
食事内容、水分摂取の必要性について理解を促す

主食	
現状	計画
☑普通食	☑普通食
□粥食	□粥食
□経口栄養	□経口栄養
□経管栄養	□経管栄養
□その他	□その他
（　）	（　）

副食	
現状	計画
☑普通食	☑普通食
□刻み食	□刻み食
□ミキサー食	□ミキサー食
□その他	□その他
（　）	（　）

摂取介助	
□見守りのみ	□見守り必要
□介助あり	□介助必要

排泄等

6-②2-5～2-11関係	援助の現状 家族実施／サービス実施	希望	要援助→計画
1) 準備・後始末			
2) 移乗移動介助			
3) 排尿介助			
4) 排便介助			
5) 口腔清潔介助	○　✓	○	✓
6) 洗面介助	○　✓	○	✓
7) 整容介助	○　✓	○	✓
8) 更衣介助	○　✓	○	✓

排尿介助（2-5）	
現状	計画
□見守りのみ	□見守り必要
□介助あり	□介助必要
□トイレ	□トイレ
□ポータブルトイレ	□ポータブルトイレ
□尿取器	□尿取器
□導尿	□導尿
□おむつ	□おむつ

排便介助（2-6）	
□見守りのみ	□見守り必要
□介助あり	□介助必要
□トイレ	□トイレ
□ポータブルトイレ	□ポータブルトイレ
□差し込み便器	□差し込み便器
□おむつ	□おむつ
□摘便	□摘便
□浣腸	□浣腸
□人工肛門	□人工肛門

【特記、解決すべき課題など】
排尿：時折尿もれ程度、下着の交換を行なわないため尿臭あり。
排便：頻度は不明、便秘症ではなかったので毎日出ていると思う。十分に拭ききれず下着に便付着あり。

外出

6-②2-12関係	援助の現状 家族実施／サービス実施	希望	要援助→計画
1) 移送・外出介助	○		

【特記、解決すべき課題など】
長女が受診同行をしたり、買物に一緒に行ったりすることはできている。民謡教室も休むことはあるが継続できている。
友人の声かけ誘い出しを継続して依頼する必要がある。

全社協・在宅版ケアプラン作成方法検討委員会作成

6-③ 認知機能

要介護認定項目					
	3-1	意思の伝達	1	②	3 4
	3-2	毎日の日課を理解する	1	②	
	3-3	生年月日や年齢を答える	①	2	
	3-4	面接調査の直前記憶	1	②	
	3-5	自分の名前を答える	①	2	
	3-6	今の季節を理解する	1	②	
	3-7	自分のいる場所を答える	①	2	
	3-8	徘徊	①	2	3
	3-9	外出すると戻れない（迷子）	①	2	3
	3-10	介護者の発言への反応	1	②	3

●6-④ 精神・行動障害

要介護認定項目					
	4-1	被害妄想(物を盗られたなど)	①	2	3
	4-2	作話をする	①	2	3
	4-3	感情が不安定になる	1	②	3
	4-4	昼夜の逆転	①	2	3
	4-5	しつこく同じ話をする	1	2	③
	4-6	大声を出す	①	2	3
	4-7	介護に抵抗する	①	2	3
	4-8	落ち着きがない（「家に帰る」等）	①	2	3
	4-9	外に出たがり目が離せない	①	2	3
	4-10	ものを集める、無断でもってくる	①	2	3
	4-11	物を壊す、衣類を破く	①	2	3
	4-12	ひどい物忘れ	1	2	③
	4-13	独り言や独り笑い	①	2	3
	4-14	自分勝手な行動	①	2	3
	4-15	話がまとまらない、会話にならない	1	②	3
	4-16	幻視・幻聴	①	2	3
	4-17	暴言・暴力	①	2	3
	4-18	目的なく動き回る	①	2	3
	4-19	火の始末・管理	①	2	3
	4-20	不潔行為	①	2	3
	4-21	異食行動	①	2	3

6-③ 認知機能、6-④ 精神・行動障害　全般

家族等からの情報と観察
- 何度も同じ要件で繰り返しの電話がかかってくる
- 台所で鍋を焦がして火災警報器が作動する騒動以来調理を一切行っていない。火を扱うことが怖くなった様子
- 炊飯は行っているが一度に炊く量、水加減があいまいになってきている
- 洋服を準備しないといつもおなじ洋服（1か月間）着替えないことが増えた（以前はおしゃれだったが…）
- 娘さんが訪問しないと終日パジャマですごしていることがある
- きれい好きで整理整頓が上手だったが、最近は部屋が散らかっていることが平気になっている。声をかけて一緒に行うとどうにか整理するが継続は難しい

援助の現状

（家族）	（サービス）
・長女が訪問時に声かけ促しにより、掃除や着替えを行っている ・夜電話をした際に歯みがきするように声をかけている	なし

援助の希望（本人）
- 洋服を出すがスカートとブラウスの組み合せなどが難しい
- 美容院へ行って髪の白髪染めをしてもらいたい
- 部屋の掃除もしたいけど一人では自信がない。娘には負担をかけられないのでどうしたらよいか自分でもわからない

援助の希望（家族）
昔の母のように着替えをしておしゃれでいて欲しい。下着が汚れていることや、髪がボサボサでいる姿を見ると悲しくなる。　・掃除、入浴　声かけや促しのサービスを利用したい
美容院→私が連れて行く　・着替

援助の計画
- 通所サービスの利用により生活リズムを整える
- 通所時に着替え、身づくろいに関心がもてるように訪問介護にて一緒に洋服を選び準備する
- 掃除についてはヘルパーと一緒に行うこととする
- 長女に定期的に美容院へ同行してもらう

【特記、解決すべき課題など】
- 本人は物忘れに気づいている。不安が増大している
- 困ったこと、わからないことを気軽に相談できる支援が必要

全社協・在宅版ケアプラン作成方法検討委員会作成

03 アセスメントの実際❷主任ケアマネジャーのアセスメント

5 アセスメントの展開

●6-⑤社会生活（への適応）力

要介護認定項目		
5-1	薬の内服	1 2 ③
5-2	金銭の管理	1 ② 3
5-3	日常の意思決定	1 ② 3 4
5-4	集団への不適応	1 ② 3
5-5	買い物	1 ② 3 4
5-6	簡単な調理	1 ② 3 4
5-7	電話の利用	① 2 3
5-8	日中の活動（生活）状況等	1 ② 3
5-9	家族・居住環境、社会参加の状況などの変化	1 ②

→6-⑥医療・健康関係へ

6-⑤5-2、5-5～5-6関係	援助の現状		希望	要援助→計画
	家族実施	サービス実施		
1）金銭管理	✓		✓	✓
2）買い物	✓			
3）調理		✓	✓	✓
4）準備・後始末				

6-⑤5-7～5-8関係	援助の現状		希望	要援助→計画
	家族実施	サービス実施		
1）定期的な相談・助言				
2）各種書類作成代行				
3）余暇活動支援	○	○	✓	✓
4）移送・外出介助			✓	✓
5）代読・代筆				
6）話し相手	○	○	✓	✓
7）安否確認	○	○		
8）緊急連絡手段の確保	○	○		
9）家族連絡の確保	○			
10）社会活動への支援	○	○	✓	✓

＜社会活動の状況（6-⑤5-8、5-9関係）＞

ア．家族等近親者との交流
　☑あり（　　　　　　　　　　）　□なし
イ．地域近隣との交流
　☑あり（　　　　　　　　　　）　□なし
ウ．友人知人との交流
　☑あり（　　　　　　　　　　）　□なし

緊急連絡・見守りの方法	長女→携帯　○○○○○ ○○さん（民謡友人）携帯　○○○○○

【特記、解決すべき課題など】

金銭：近隣で訪問販売詐欺やオレオレ詐欺などの被害があり、本人も訪問販売の人を家に入れたりしたことがあるため、定期預金、キャッシュカード等全て長女が保管している。訪問時に3万円程度は本人のお財布に入れておくが、何を購入しているか不明。お財布の金銭の減り方もバラバラである。ライフライン等の支払は全て引き落としにしている。

買物：近隣のスーパーに一人で出かけている。同じ商品、卵（10個入り）、ヨーグルト、トマトがいつも数個ずつ入っている。古い物から長女が処分している。コンビニでお惣菜を購入するがほぼ毎日同じ物。

調理：料理が得意の母だった。季節ごとにさまざまな物を作っていた。仕事が忙しい中、食べることはいつもきちんとしていた。最近、コンビニや近くのスーパーでお惣菜を購入（毎回同じ物）をして、お皿に移すことなくそのまま食べている。以前の母からすると想像つかない姿。

洗濯：全自動のため1人で行える。バランスが悪く、転倒の危険性があるため物干しを下げて安定して干せるようにする必要あり。

ゴミ出し：分別は不十分だが、自分でゴミ出しはどうにかできている。
　　　　　　ゴミ出し曜日を間違うこともあるようだが、近隣の方が対応してくれている。

安否：風邪から軽度肺炎を発症して脱水も起こしていた。食事や水分摂取など日常生活においてできなくなったことが目立ってきた。一人暮らしを続けるためには支援が必要だと思う。

本人はフルタイムで働いている長女に対して負担をかけたくない、仕事は続けて欲しい。一人で暮らしていくためには介護サービスを受けてこのままここで暮らしたい。民謡教室にも続けて通いたい。コンビニに行く時に近くの人があいさつをしてくれるのでうれしい。この町に住んでいるから教え子たちも同窓会に声をかけてくれて参加できる楽しみがある。

全社協・在宅版ケアプラン作成方法検討委員会作成

●6- ⑥医療・健康関係　　　　　　　　　　　　　　　　　　※計画をする際には主治医の意見を求める必要あり

		援助の現状		希望	要援助			
		家族実施	サービス実施		→計画	現状↓	計画↓	具体的内容
要介護認定項目 処置内容	1. 点滴の管理							バイタルサインのチェック
	2. 中心静脈栄養							定期的な病状観察
	3. 透析	1)測定・観察						内服薬
	4. ストーマ(人工肛門)の処置	2)薬剤の管理		○	○ ✓	✓		坐薬(緩下剤、解熱剤等)
	5. 酸素療法	3)薬剤の使用						眼・耳・鼻等の外用薬の使用等
	6. レスピレーター(人工呼吸器)	4)受診・検査介助						温・冷あん法、湿布貼付等
	7. 気管切開の処置	5)リハビリテーション						注射
	8. 疼痛の看護	6)医療処置の管理						吸引
	9. 経管栄養							吸入
	10. モニター測定(血圧、心拍、酸素飽和度等)							自己注射(インスリン療法)
								経管栄養法
特別な対応	11. じょくそうの処置							中心静脈栄養法
	12. カテーテル(コンドームカテーテル、留置カテーテル、ウロストーマ等)							酸素療法
								人工呼吸療法
								気管カニューレ管理
								自己導尿
								自己腹膜灌流
								膀胱留置カテーテル管理
								人工肛門・人工膀胱管理
								疼痛管理
								褥瘡管理

【特記、生活上配慮すべき課題など】
・かかりつけ医薬局へ一包化の依頼の必要あり
・主治医へ相談し、内服薬の管理について居宅療養薬剤管理の導入を検討する
・確実な内服薬の服用と副作用の把握に努める必要あり

介護に関する医師の意見（「主治医意見書」を転記）

(1)移動			
屋外歩行	☑自立	□介助があればしている	□していない
車いすの使用	☑用いていない	□主に自分で操作している	□主に他人が操作している
歩行補助具・装具の使用 (複数選択可)	☑用いていない	□屋外で使用	□屋内で使用

(2)栄養・食生活		
食事行為	☑自立ないし何とか自分で食べられる	□全面介助
現在の栄養状態	☑良好	□不良
→ 栄養・食生活上の留意点		

(3)現在あるかまたは今後発生の可能性の高い状態とその対処方針
□尿失禁　☑転倒・骨折　□移動能力の低下　□褥瘡　□心肺機能の低下　☑閉じこもり　☑意欲低下　□徘徊
□低栄養　□摂食・嚥下機能低下　☑脱水　□易感染性　□がん等による疼痛　□その他（　　　　　　）
→　対処方針

(4)サービス利用による生活機能の維持・改善の見通し
☑期待できる　□期待できない　□不明

(5)医学的管理の必要性(特に必要性の高いものには下線を引いて下さい。予防給付により提供されるサービスを含みます。)
□訪問診療　☑訪問看護　☑看護職員による相談・支援　□訪問歯科診療
☑訪問薬剤管理指導　□訪問リハビリテーション　□短期入所療養介護　□訪問歯科衛生指導
□訪問栄養食事指導　□通所リハビリテーション　□その他の医療系サービス（　　　　　　）

(6)サービス提供時における医学的観点からの留意事項
・血圧　□特になし　☑あり（　　　）　・移動　□特になし　☑あり（　　　）
・摂食　□特になし　□あり（　　　）　・運動　□特になし　☑あり（　　　）
・嚥下　☑特になし　□あり（　　　）　・その他（　　　）

(7)感染症の有無(有の場合は具体的に記入して下さい。)
☑無　□有（　　　　　　　　　　　　　）　□不明

全社協・在宅版ケアプラン作成方法検討委員会作成

7 全体のまとめ

身体：脳梗塞の既往はあるが麻痺等の後遺症はないため本人の自覚はほとんどない。高血圧症の治療薬の服用についても不確実で残薬が多量にある。シート状での処方のため本人管理が確実にできていない。
　　　物忘れが顕著になり長女が専門医へ受診させた。
　　　アルツハイマー型認知症と診断を受けるが本人は「最近頭がボーッとする」「すぐに忘れていると言われるけど…よくわからない」と発言あり。
　　　アルツハイマー型認知症とDrより説明を受けたことも記憶にない。
　　　内服薬については一包化が必要。両膝関節変形による痛みと長時間の歩行が困難。このところ整形外科の受診も行っていない。
　　　口腔に関しては関心が高く歯科の最終受診は一年前、○○歯科かかりつけ医。
　　　今年○月に軽い肺炎と脱水症を発症した。それ以来急激に体力低下が目立つ。

心理・友人と電話で話しをしたり、一緒にデパートへ行きたい。民謡教室も続けたいと思うが洋服の準備が出来ないので外出することがおっくうになっている。
　　・私自身も教師だったから娘の教師としての大変さややりがいを理解できる。
　　　娘には負担をかけたくない、できるだけこの家で暮したい。

社会　利便性のよい所に住んでいる（公民館、コンビニ、スーパー、郵便局）本人の徒歩圏内である。近隣の方もよく声をかけてくれる。民謡教室へ誘ってくれる友人や電話で何でも話せる元同僚もいる。肺炎で寝こんでいた時にも電話に出ない本人を心配して、民謡の友人が長女へ連絡をしてくれている。コンビニには一人で買物へ行っている。
　　　訪問販売詐欺等が地域で多発していること等を長女に伝えてくれる環境にある。
　　　民生委員さんとも昔からの顔なじみのため定期的に訪問をしてくれている。
　　　調理が得意だったが、最近は行っていない。ヘルパーと一緒に調理をする。電子レンジを使えるようにすることで食生活が豊かになる。こたつで寝おきしている。外出する機会がなく生活のリズムが乱れているため、定期的に通所サービスや娘さんと美容院へ行く等の"めりはり"のある生活リズムが必要。

災害時の対応の必要性について ⇒有の場合	必要性の有無	有　　　　無	
災害時の連絡先 （家族以外／民生委員等）	（氏名） TEL. メール		（本人との関係） FAX.
備考			

権利擁護に関する対応の必要性について ⇒有の場合	必要性の有無	㊲　　　　無	
備考			

全社協・在宅版ケアプラン作成方法検討委員会作成

■ 1日のスケジュール

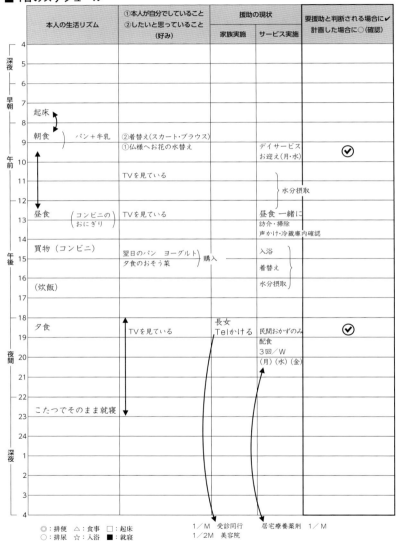

03 アセスメントの実際❷ 主任ケアマネジャーのアセスメント

総括
主任ケアマネジャーのアセスメント内容の評価

　主任ケアマネジャーのアセスメントの特徴は本人中心であることです。

　Aさん夫婦は二人とも教師であり、夫は校長まで勤め上げたこと、娘さんが自分と同じ教師になってくれて嬉しかったことなど、Aさんの生活歴の中で大切にしてきたことなどを丁寧に本人の口から語ってもらっています。

　アセスメントは相互交流であり、ケアマネジャーが一方的に質問して聞き出すのではなく、本人から「語ってもらう」ことが大切なのです。

　この事例では、Aさんが、自分の言葉で発している思いを主任ケアマネジャーがしっかり傾聴し、受容・共感をしながら、面接を進めていることがよくわかります。

　長女に対しても、「要介護1状態の家族はどなたも同じですよ」など、一般的な言葉をかけるのではなく、Aさんが自分と同じ職業についてくれた娘に負担をかけていることについて申し訳ないと思う気持ちや、物忘れが進むことに対する強い不安などを丁寧に引き出して、それを伝えることができています。Aさんと長女は、このケアマネジャーと話ができてよかった、不安が少し軽くなったと思われたのではないでしょうか。

　また、本人の生活歴から友人や趣味など本人を取り巻く人的社会資源についても丁寧にアセスメントが行われ、Aさん生きてきた生活の歴史などを含めてAさんの「本人らしさ」がよく把握されていることが読み取れます。

　また、医療との連携の視点についても、脳梗塞の既往から内服薬、服薬状況など具体的な質問が展開され、ケアマネジャーが医療の連携も役割として担っていることをしっかりと説明するなど、必要な対応ができていると思います。

引用文献
①全社協・在宅版ケアプラン作成方法検討委員会作成「居宅サービス計画ガイドライン　アセスメント・居宅サービス計画等様式」『居宅サービス計画ガイドラインver2』2017年, pl〜11.

編著者紹介

白木裕子
しらき・ひろこ

第1章　第4章05～10　第5章

株式会社フジケア　取締役社長
一般社団法人　日本ケアマネジメント学会　副理事長
NPO法人　ケアマネット21　代表理事
看護師・主任介護支援専門員・認定ケアマネジャー

平成11年、介護保険導入を機に地元企業の出資で設立された「北九州福祉サービス株式会社」に入社してケアプランサービスセンター長としてケアマネジャーの実践および指導育成を担当し、研修担当や事業部副部長の役割も併せて担い、訪問看護・デイサービス・福祉用具事業所の立ち上げにも携わった。

平成17年11月に北九州福祉サービス株式会社を退職し、株式会社フジコーの全額出資による株式会社フジケアの設立に携わり、取締役副社長兼事業部長を経て取締役社長となる。

平成13年、一般社団法人日本ケアマネジメント学会に入会し評議員となる。平成15年、認定ケアマネジャー資格を取得後、平成18年、認定ケアマネジャーの会発足と同時に会長に就任し、その後、一般社団法人日本ケアマネジメント学会の副理事長に就任。

著者紹介

酒井清子
さかい・きよこ

第3章16〜23　第4章11・12

社会福祉法人練馬区社会福祉事業団地域支援課課長
主任介護支援専門員・認定ケアマネジャー

武宮直子
たけみや・なおこ

第2章03・04　第3章09〜15　第4章01・02

特定非営利活動法人虹をさがす会 虹をさがす会居宅介護支援センター管理者
主任介護支援専門員

中村匡宏
なかむら・まさひろ

第2章01・02　第3章01〜08　第4章03・04

社会福祉法人恩賜財団神奈川県済生会 横浜市六浦地域プラザ
地域包括支援センター　主任介護支援専門員・認定ケアマネジャー

だいじをギュッと!
ケアマネ実践力シリーズ

アセスメント
情報収集からケアプラン作成まで

2019年5月10日　初　版　発　行
2022年7月5日　　初版第3刷発行

編　著　　白木裕子
著　者　　酒井清子・武宮直子・中村匡宏

発行者　　荘村明彦
発行所　　中央法規出版株式会社
　　　　　〒110-0016
　　　　　東京都台東区台東3-29-1 中央法規ビル
　　　　　TEL　03-6387-3196
　　　　　https://www.chuohoki.co.jp/

装幀・本文デザイン　　　　相馬敬徳(Rafters)
装幀・本文イラスト　　　　三木謙次
本文イラスト　　　　　　　藤田侑巳
DTP　　株式会社ジャパンマテリアル
印刷・製本　新津印刷株式会社
ISBN 978-4-8058-5850-9

定価はカバーに表示してあります。落丁・乱丁本はお取り替えいたします。
本書のコピー、スキャン、デジタル化等の無断複製は、
著作権法上の例外を除き禁じられています。
また、本書を代行業者等の第三者に依頼してコピー、スキャン、
デジタル化することは、たとえ個人や家庭内での利用であっても
著作権法違反です。
本書の内容に関するご質問については、下記URLから「お問い合わせフォーム」にご入力いただきますようお願いいたします。
https://www.chuohoki.co.jp/contact/